FIORETTI DE SÃO DOMINGOS

Mariano S. Foralosso

FIORETTI DE
SÃO DOMINGOS

EDITORA
SANTUÁRIO

Coordenação editorial: Ana Lúcia de Castro Leite
Copidesque e Revisão: Kalima Editores
Diagramação: Kalima Editores
Capa: Ricardo Miranda

Dados Internacionais de Catalogação na Publicação (CIP) de acordo com ISBD

F692i Foralosso, Mariano S.

Fioretti de São Domingos/Mariano S. Foralosso. – Aparecida: Editora Santuário, 2023.
160 p.; 13,7cm x 21cm.

Inclui índice e bibliografia.
ISBN: 978-65-5527-324-3

1. Religião. 2. Cristianismo. 3. São Domingos. I. Título.

2023-1114 CDD 240
CDU 24

Elaborado por Odilio Hilario Moreira Junior – CRB-8/9949

Índice para catálogo sistemático
1. Religião: Cristianismo 240
2. Religião: Cristianismo 24

1ª impressão

Rua Pe. Claro Monteiro, 342 – 12570-045 – Aparecida-SP
Tel.: 12 3104-2000 – Televendas: 0800 - 0 16 00 04
www.editorasantuario.com.br
vendas@editorasantuario.com.br

Sumário

Introdução

Um dos textos mais bonitos e com certeza mais conhecidos das Fontes franciscanas são os 'Fioretti' de São Francisco. É uma coleção de episódios da vida do 'poverello' de Assis que foram fixados por escrito e se tornaram uma fonte importante do conhecimento de sua vida e de sua mensagem.

Existem várias memórias escritas também sobre a vida e a mensagem de São Domingos de Gusmão, fundador da Ordem dos Pregadores e grande amigo de Francisco de Assis. Estas memórias estão fixadas em vários textos das Fontes dominicanas, escritos em tempos e circunstâncias diferentes ao longo do século XIII. No seu conjunto elas nos transmitem as informações sobre a vida e o carisma apostólico de São Domingos e sobre a primeira geração dominicana.

O objetivo desse texto dos '*Fioretti de São Domingos*' foi de elaborar uma apresentação articulada dos vários fatos da vida, da espiritualidade e da missão apostólica de São Domingos usando as mesmas palavras dos textos das Fontes dominicanas em que foram escritos. Por isso os verdadeiros autores dos '*Fioretti de São Domingos*' são as muitas testemunhas que nos transmitiram a memória daquilo que eles viram e ouviram. Vários destes episódios são relatados, com pequenas diferenças, por mais de um dos autores dos textos das Fontes. Foi escolhida a redação mais completa e possivelmente mais originária.

Os textos estão ordenados seguindo o critério do itinerário da vida de São Domingos e dos aspectos de sua espiritualidade e do seu carisma apostólico. Eles foram enucleados em grupos distintos, conforme seu conteúdo temático. O resultado é um mosaico de fatos referentes a São Domingos que nos permitem de conhecê-lo melhor nas circunstâncias de sua vida e nos valores evangélicos que nortearam a sua espiritualidade e o carisma apostólico.

Estabelecendo claramente um paralelo com os '*Fioretti de São Francisco*', ousamos chamar este texto de '*Fioretti de São Domingos*'. As Fontes franciscanas e dominicanas garantem-nos que os dois Santos se conheceram e descobriram que, apesar das grandes diferenças do seu itinerário de vida, tinham em comum o mesmo ideal do seguimento de Cristo pobre e o mesmo anseio para a salvação das almas. As duas Ordens por eles fundadas, foram sempre consideradas duas expressões de um mesmo carisma. De fato, Franciscanos e Dominicanos sempre caminharam juntos ao longo dos séculos, colaborando na missão comum e, às vezes, também brigando bastante entre si, como bons irmãos.

O presente texto está sendo publicado como uma homenagem a São Domingos, o grande patriarca da Família Dominicana, na ocasião do oitavo centenário de sua morte. O objetivo desta iniciativa é o mesmo que inspirou a frei Jordão de Saxônia à composição da primeira biografia sobre São Domingos e a memória das origens da Ordem dos Pregadores: garantir a transmissão do conhecimento de São Domingos para as novas gerações. "*Resolvi registrar por escrito as coisas que eu mesmo vi e ouvi e que soube pela narração dos primeiros frades, sobre os começos da Ordem e sobre a vida e os milagres de nosso bem-aventurado Pai Domingos[...] segundo me se fixou na memória a ocorrência de tais fatos, para que os filhos que vierem a nascer não ignorem as origens desta Ordem, e não seja vão o seu desejo de saber, quando com o passar do tempo, já não se possa encontrar quem seja capaz de narrar algo de certo sobre essas mesmas origens.*" (*Libellus*, n. 3).

Sabemos que nos primeiros tempos da Ordem essa preocupação motivou também as demais iniciativas de redação por escrito das memórias sobre as origens dominicanas. Chegaram até nós o *Libellus* do Beato Jordão de Saxônia, as *Atas do Processo de Canonização de São Domingos*, as biografias (*Legendas*) de São Domingos de Constantino de Orvieto, Pedro Ferrando, Humberto de Romans e Rodrigo Cerrato, o 'Vitae Fratrum' de Gerardo de Frachet, os '*Milagres de São Domingos*' de Irmã Cecília, e vários outros escritos menores.

O '*Fioretti*' que aqui apresentamos são textos tirados destas várias fontes sobre São Domingos. No final de cada texto indicamos a fonte de onde foi tirado e traduzido, com sua localização na edição crítica do documento. No apêndice colocamos a indicação das edições críticas dessas fontes.

Na seção I, antes dos '*Fioretti*', apresentamos uma pequena biografia de São Domingos para ajudar o leitor a ter um primeiro conhecimento dele, e também para melhor entender o lugar e a mensagem dos próprios '*Fioretti*'. Na seção II colocamos a série dos '*Fioretti*' com os fatos que mostram as várias etapas da sua vida, desde o nascimento até a morte. Na seção III recolhemos mais '*Fioretti*' organizados por temas que nos falam dos vários aspectos da espiritualidade de Domingos, das suas virtudes, da sua atuação apostólica e dos objetivos da fundação da Ordem. Num apêndice final colocamos alguns documentos históricos ligados à vida de São Domingos e à origem da Ordem dos Pregadores como base documentária para melhor entender a mensagem dos próprios '*Fioretti*'.

No pedestal de uma estátua de São Domingos esculpida no século XVII usando a madeira de um cipreste plantado por São Domingos no claustro do convento dominicano de Bolonha, foi colocada a seguinte inscrita: "*O cipreste tornou-se imagem agradecida do seu plantador. Filho, você será agradecido se procurar se transformar a imagem do seu pai Domingos.*"

A realização deste trabalho foi inspirada pelo objetivo de garantir um conhecimento mais aprofundado da vida e da mensagem de São Domingos, colocando à disposição do leitor a narração direta daqueles que o conheceram, para melhor motivar-nos na imitação do seu exemplo de verdadeiro discípulo de Cristo.

Frei Mariano S. Foralosso, OP

CAPÍTULO 1

PERFIL BIOGRÁFICO DE SÃO DOMINGOS

Nascimento e primeira formação

Domingos de Gusmão nasceu em Caleruega, na Espanha, por volta de 1170. Na época não havia registro de nascimento em cartório e por isso a data em que Domingos nasceu não está documentada com certeza. Tudo indica, porém, que Domingos nasceu num 'berço de ouro': era filho caçula de Felix de Gusmão e Joana de Aza. Os Gusmão eram uma das grandes famílias de Castela, na Espanha, talvez com título de nobreza, mas com certeza proprietários de terras e de um grande castelo em Caleruega. Desse castelo chegou até nós a grande torre central, conhecida como '*el torreón*'.

Os primeiros biógrafos são unânimes em relatar que os pais de Domingos eram cristãos de vida exemplar. A mãe, Joana de Aza, era reconhecida como pessoa muito sensível e generosa. A falta de documentação histórica foi amplamente compensada pela grande variedade de 'tradições' que nos relatam muitos fatos cujo valor talvez seja mais simbólico do que histórico. Ficou famoso o relato da visão do cachorro com a tocha acesa.

Como filho caçula de família nobre, Domingos tinha três caminhos mais prováveis para sua vida: a carreira militar, a carreira universitária ou a carreira eclesiástica. Os fatos mostram que os pais orientaram Domingos, desde pequeno, para a 'carreira eclesiástica'. O sonho deles era que o filho caçula fosse padre e, mais tarde, se tornasse um eclesiástico importante, bispo de uma diocese ou abade de um mosteiro, contribuindo assim a aumentar o prestígio e o poderio da família dos Gusmão no contexto da Cristandade medieval. Com esta perspectiva, o pequeno Domingos foi confiado aos cuidados de um tio padre para que lhe ensinasse a ler e escrever, e o formasse nas virtudes e nos conhecimentos básicos, indispensáveis para se tornar um bom padre.

Estudos em Palência

Em 1184, já adolescente, Domingos foi para Palência, com o objetivo de cursar o currículo de estudos previstos para se tornar padre. Por vários anos frequentou os cursos básicos e, a seguir, os de filosofia e teologia. Mostrou particular interesse no estudo da Sagrada Escritura. É desse período o episódio da venda dos livros feita pelo jovem Domingos para atender às necessidades dos pobres que, devido a uma grande carestia, morriam de fome. Esse episódio é relatado pela maioria dos primeiros biógrafos de Domingos, a começar de Jordão de Saxônia.

Na época de Domingos as carestias eram muito frequentes, devido à incerteza das colheitas, às guerras frequentes, às epidemias etc. E como sempre acontece nessas situações de caos, quem passava fome não eram os ricos, mas os pobres! Esse episódio mostra claramente a qualidade moral do jovem que, mais tarde, não hesitará em deixar tudo para se entregar ao serviço dos irmãos, com a pregação e o exemplo. Sabemos que na Idade Média o livro era coisa rara e preciosa: um luxo para ricos! Reconhecemos nesse gesto de Domingos a mesma generosidade e sensibilidade frente às necessidades dos outros que foi de Joana de Aza, mãe de Domingos. Com certeza ela deve ter transmitido ao filho, com seu exemplo concreto, a compaixão para com os que sofrem.

Gestos de generosidade e solidariedade tão radicais foram frequentes na vida de Domingos, assim como quando ele queria vender-se como escravo para libertar um jovem escravizado pelos Mouros. Ou quando também se ofereceu como escravo para ajudar um homem a se libertar da necessidade econômica que o prendia aos hereges. Afinal toda a vida de Domingos foi um gesto de amor, uma doação total de si mesmo para o bem dos irmãos. Ele imitou perfeitamente o Mestre que antes, de sua entrega no sacrifício da cruz, disse aos discípulos reunidos no Cenáculo: "Ninguém tem maior amor do que aquele que dá a sua vida por seus amigos" (Jo 15,13)

Cônego em Osma

Terminados os estudos em Palência, Domingos foi ordenado sacerdote e, a convite do bispo Martinho de Bazan, tornou-se membro da comunidade dos cônegos de Osma. Essa comunidade tinha sido reformada alguns anos antes pelo próprio Martinho di Bazan. O fato está documentado numa carta apostólica de 11 de maio de 1199, na qual papa Inocêncio III confirmava os Estatutos elaborados pelo bispo de Osma para a reforma do Cabido de sua igreja catedral, reestabelecendo a vida regular conforme a Regra de Santo Agostinho. De fato, Martinho de Bazan tinha trabalhado com muita firmeza para a reforma da comunidade dos cônegos da catedral, no sentido de uma retomada do ideal e do estilo de vida da comunidade dos Apóstolos, conforme a Regra de Santo Agostinho. Ele tinha dobrado vitoriosamente a dura oposição de alguns deles e tinha pedido ao Papa a aprovação de sua iniciativa de reforma. Papa Inocêncio III deu pleno apoio a esta louvável iniciativa. O prior desta comunidade de cônegos era Diogo de Acebes. Dois anos mais tarde, em 1201, depois da morte de Martinho, Diogo de Acebes foi nomeado bispo da diocese.

A presença de Domingos na comunidade dos cônegos de Osma é documentada por vários documentos. No mês de agosto de 1199 ele assinou um ato jurídico no qual aparece com o cargo de sacristão. Pouco mais tarde, em janeiro de 1221, ele assinou outro documento como subprior da comunidade. Sinais concretos, estes, de uma estima crescente da comunidade para Domingos.

A vida comunitária reformada dos cônegos de Osma moldou profundamente a espiritualidade evangélica do jovem padre Domingos. Reconhecemos seus traços na forma própria de vida da futura comunidade dominicana: não foi por acaso que a Ordem será qualificada como 'Ordem canonical' e os primeiros frades serão chamados de 'cônegos'. A identidade canonical está no DNA da Ordem dos Pregadores. Foi neste ambiente de comunhão fraterna, oração, estudo e ação pastoral que o jovem padre Domingos se preparou para a missão que o Senhor lhe tinha reservado.

Lembramos aqui um fato curioso que se pode constatar visitando a catedral de Osma: São Domingos é representado por toda parte, na igreja, na sacristia e no convento dos cônegos, revestido do hábito próprio dos cônegos regulares e não com o hábito da Ordem. Esta opção iconográfica tem o objetivo evidente de celebrar a raiz canonical de Domingos. Por sua vez, esta raiz canonical está plantada no húmus fecundo do modelo da vida evangélica que foi próprio da comunidade apostólica: a vida de Jesus com seus discípulos.

Viagem à Dinamarca e encontro com os hereges

Em 1203 Domingos deixa pela primeira vez a Espanha, acompanhando o novo bispo de Osma, Diogo de Acebes, numa viagem até a Dinamarca, no Norte da Europa. O bispo tinha recebido do rei de Castela, Afonso VIII, a tarefa de combinar o casamento do filho dele, príncipe Fernando, com uma jovem pertencente à família real daquele país.

Atravessando o sul da França, os viajantes depararam com o fenômeno assustador da difusão da heresia dos Cátaros. Numa hospedaria em Toulouse, Domingos teve a oportunidade de dialogar, noite adentro, com o hospedeiro, que era herege. Foi o seu primeiro contato com a realidade e os apelos da heresia dos Cátaros. Este 'encontro' mudou por completo os rumos de sua vida, e nele está também a raiz da fundação da Ordem dos Pregadores.

Em 1205, Domingos e o bispo Diogo voltam à Dinamarca para receber e acompanhar a noiva do filho do rei até a Castela. Tendo sido extinto o objetivo da viagem por causa da morte da noiva, sempre acompanhando o bispo Diogo, Domingos vai a Roma e encontra pela primeira vez papa Inocêncio III. O Papa não aceita o pedido do bispo Diogo de ser desligado da diocese de Osma para se dedicar à evangelização dos Cumanos, no norte da Europa, mas lhe propõe de ajudar na pregação contra os Cátaros, no sul da França.

O encontro de Montpellier e o começo da pregação aos hereges

No mês de maio de 1206, voltando de Roma, Diogo e Domingos encontram em Montpellier os Legados pontifícios que pregavam contra a heresia dos Cátaros nas regiões do sul da França. Os pregadores estavam angustiados e desanimados pela esterilidade de sua missão. Em mais de um ano de pregação incansável eram muito poucos os hereges que se tinham convertido. Eles pedem o conselho do santo bispo e Diogo mostra que o caminho certo era de sustentar a pregação com a força do exemplo de vida evangélica. Ele próprio deu o exemplo disso: deixou tudo e, junto com Domingos, entregou-se totalmente à pregação itinerante, indo a pé e vivendo de esmola. O fato é amplamente testemunhado nas fontes dominicanas.

Este episódio representa um marco divisório na vida de Domingos. Foi quando ele, seguindo o exemplo do seu bispo, deixou sua pátria e a tranquilidade da vida de cônego e se entregou totalmente à pregação nas regiões do sul da França 'infestadas' pela heresia dos Cátaros. Neste gesto generoso, reconhecemos aquele mesmo Domingos que, quando jovem estudante em Palência, não hesitou em vender seus livros preciosos, tão necessários para seus estudos, para socorrer os pobres que morriam de fome. Ele realmente abandonou tudo e se entregou para o bem de seus irmãos.

Nestas circunstâncias podemos constatar como Deus sabe escrever direito nas linhas tortas da história humana: os apelos dos hereges para o retorno ao Evangelho tornaram-se um estímulo que levou Domingos a mudar sua perspectiva de vida, trilhando os caminhos do seguimento radical de Cristo. É neste sentido que podemos afirmar que Domingos foi 'convertido' pelos hereges: de 'padre de carreira' tornou-se verdadeiro seguidor de Cristo.

Neste episódio temos mais um elemento importante: a dimensão radicalmente apostólica da espiritualidade de Domingos e da Ordem, onde tudo é em função da missão, também a santificação pessoal. De fato, o testemunho da vivência pessoal e comunitária dos valores evangélicos sempre foi e sempre será uma exigência e também uma condição de credibilidade do pregador junto aos destinatários da pregação.

Para esta pregação Diogo, Domingos e os demais companheiros pediram e conseguiram o mandato específico de Papa Inocêncio III. Esta foi a primeira confirmação, por parte da autoridade da Igreja, daquele carisma que será próprio de Domingos e dos seus seguidores: o carisma da pregação. Este mesmo mandato, mais geral e definitivo, ele o receberá mais tarde, a partir de janeiro de 1217, para si e para a nova Ordem de pregadores que acabava de ser aprovada a 22 de dezembro de 1216.

Respondendo ao apelo do Papa e dos próprios hereges, junto com seu bispo Diogo Domingos se tinha feito pobre e mendigo para testemunhar a pobreza de Cristo e tirar o escândalo da riqueza e do poderio mundano da Igreja do seu tempo. Ele estava totalmente disponível para o serviço da pregação itinerante. Foi nestas circunstâncias e com este estilo de vida que surgiu o 'carisma' da pregação de Domingos e de seus seguidores.

O Papa recomendava aos pregadores de se apresentarem aos hereges de forma humilde e despojada, como imitadores do Cristo pobre. Essa insistência na pobreza evangélica parece estritamente relacionada com o apelo dos hereges para uma retomada do estilo de vida da Igreja das origens, à Igreja dos Apóstolos. Era o apelo para a volta àquela pobreza e simplicidade de vida que, no entender dos hereges, a Igreja do seu tempo tinha abandonado, tornando-se rica e poderosa e mantendo-se afastada dos pobres. A pobreza evangélica tinha, então, uma função 'apostólica' de testemunho, como condição de credibilidade do próprio pregador. Esse foi, com certeza, o caminho de Domingos e de seus seguidores que, junto com os discípulos do '*poverello*' de Assis, serão apelidados de "frades mendicantes".

Dois anos mais tarde (1208), o Papa Inocêncio III promoveu uma cruzada contra os hereges: a mal afamada 'Cruzada contra os Albigenses'. Foi a opção para o caminho da força e da violência. A Cruzada durou duas décadas, até 1229, escrevendo páginas de violência e crueldade que hoje nos envergonham. Não podemos esquecer, então, que o carisma de Domingos e da Ordem dos Pregadores foi-se moldando no contexto de uma guerra de religião. A ação de Domingos se colocava em oposição à lógica da violência. Esta lógica de luta, de combate era tão condicionante que, na mente dos Papas que aprovarão e promoverão a difusão da Ordem dos Pregadores, um dos objetivos principais daquela nova Ordem de "lutadores da fé" era combater a heresia.

Essa visão militante do carisma apostólico da Ordem tornar-se-á a base ideológica para justificar a Inquisição: a heresia era encarada como um 'contágio', uma 'doença', uma 'chaga' que precisava curar com qualquer meio. A diferença doutrinal e religiosa trazida pela heresia, devido às consequências que se determinavam na vida social da 'cristandade', representava um grave perigo, que precisava neutralizar, um 'câncer' que precisava extirpar. E o meio mais eficaz para isso foi a Inquisição, com direito à fogueira. Sabemos que mais tarde a tarefa da Inquisição será confiada de preferência, e não por acaso, a frades da Ordem dos Pregadores. Os filhos de São Domingos carregam este fardo pesado no seu 'patrimônio histórico'. Naquele contexto de violência não havia espaço para o diálogo, menos ainda para o respeito à consciência e para a liberdade religiosa.

Pelo que se conhece da documentação histórica da época, podemos afirmar, com plena verdade, que a motivação e a estratégia apostólica de Domingos eram outras: eram o testemunho de vida, a pregação, o diálogo. Tudo isso na contramão da lógica da Cruzada e, mais tarde, da Inquisição! Por mais de dez anos, a partir de 1206 até 1217, Domingos entregou-se totalmente à pregação itinerante nas regiões do Sul da França, tendo como pontos de apoio Fanjeaux, Prouille e depois Toulouse.

Num contexto em que a Igreja da qual ele era ministro estava trilhando o caminho da repressão violenta da heresia, ele perseguiu, quase sozinho, a aparente 'utopia' de converter os hereges, não com a violência, mas com a palavra, o diálogo e o exemplo de vida. Os destinatários privilegiados de sua pregação eram os hereges Cátaros, aos quais "não dava trégua", tendo como única arma a força de sua palavra e o exemplo de uma vida cada vez mais inspirada pelo Evangelho. A Cruzada era acompanhada e apoiada por muitos eclesiásticos, alguns deles representando o próprio Papa. Está comprovado que Domingos sempre se manteve à margem da Cruzada, longe dessa tragédia escandalosa que hoje nos envergonha. Muitas vezes os hereges descarregavam sobre Domingos o ódio acumulado contra a "malvada igreja romana". O fato é testemunhado amplamente nas fontes sobre sua vida e sua missão.

A fundação de Prouille

Em 1206 Domingos ajudou o bispo Diogo na fundação da comunidade de Prouille, na qual foram acolhidas algumas mulheres convertidas da heresia, para protegê-las dos perigos da rejeição por parte dos hereges e também dos familiares. Quando, em 1207, Diogo voltou para sua diocese, a comunidade de Prouille ficou sob a responsabilidade de Domingos. Essa comunidade, integrada por homens e mulheres, clérigos e leigos, casados e celibatários é indicada em vários documentos contemporâneos com o nome de 'santa pregação'. Ela foi a semente da futura 'família dominicana'.

Prouille era também o ponto de apoio onde Domingos e seus companheiros encontravam acolhida e descanso nas suas andanças de pregadores. Parte das mulheres acolhidas em Prouille constituiria, em breve, a primeira comunidade de monjas contemplativas. Interessante lembrar que essas contemplativas ligadas a São Domingos serão apelidadas de 'monjas pregadoras'. Os futuros mosteiros das monjas surgirão no coração das cidades, ao lado dos conventos dos frades; e o conjunto será chamado de 'santa pregação'.

Primeiros passos da fundação da Ordem em Toulouse

Em 1212, Domingos recusou a nomeação para o bispado de Comminges. O antigo sonho da família dos Gusmão ficou assim definitivamente frustrado. O filho caçula tinha agora outros ideais, outros caminhos, outra missão. A partir de 1215, Domingos começou a dar passos na realização de um 'sonho' que ele foi amadurecendo durante todos estes anos de dura missão: a criação de uma família religiosa de pregadores e pregadoras, para dar resposta àquela 'fome' da Palavra de Deus, que ele encontrava por toda parte, na sua itinerância apostólica. Este sonho foi se concretizando aos poucos.

Em 1215, o bispo de Toulouse, Fulco, para responder à urgente necessidade da pregação ao povo e aos hereges, tomou a iniciativa de confiar a um grupo de sacerdotes a tarefa da pregação itinerante dentro dos limites territoriais de sua diocese. Esses sacerdotes eram o próprio Domingos e seus companheiros. Ele os dispensou de todo cuidado pastoral no serviço de uma comunidade local, para que pudessem andar e pregar por toda parte na diocese. Em vista disso, ofereceu-lhes o indispensável suporte econômico e logístico.

O estilo de ação desses pregadores era marcado pela pobreza evangélica, como condição de credibilidade junto ao povo e, sobretudo, junto aos hereges. O 'título de pobreza' garantia-lhes também o direito de receber da diocese parte dos recursos dos dízimos das igrejas que deveriam ser destinados aos pobres. De fato, eles também eram pobres, como testemunhou o bispo Fulco *"...tendo escolhido, por causa de Cristo, a pobreza evangélica"*.

Essa iniciativa de se designar nas dioceses pessoas aptas para a pregação itinerante aparecerá em breve, no próprio Concílio de Latrão IV (1215), como uma iniciativa a ser realizada em todas as dioceses. Podemos pensar que Fulco e Domingos tivessem partilhado aos padres do Concílio a experiência do grupo de pregadores itinerantes na diocese de Toulouse, e que isto possa ter inspirado a medida análoga que foi tomada para todas as dioceses da igreja universal. É certo que o mandato da pregação na diocese de Toulouse, bem na vigília da aprovação da Ordem, representou para Domingos e seus companheiros um primeiro 'ensaio' e um primeiro reconhecimento daquele carisma da pregação itinerante que seria próprio da nova Ordem.

No mesmo ano, o jovem Pedro Seilhan pediu para ser aceito como membro da comunidade de Domingos em Toulouse e ofereceu sua própria casa para moradia dessa nova comunidade. Era o começo do recrutamento vocacional para a Ordem. Quando já frade, Pedro Seilhan brincava dizendo que não foi a Ordem que o recebeu, mas foi ele que recebeu a Ordem em sua casa! Pouco mais tarde, Domingos conseguiu do bispo Fulco a igreja de São Romano e aqui será construído o primeiro convento da Ordem.

Concílio de Latrão IV e primeira aprovação da Ordem

No outono de 1215, Domingos acompanhou o bispo Fulco a Roma para participar do Concílio de Latrão IV, convocado pelo papa Inocêncio III. Foi mais uma experiência marcante no seu itinerário de fundador. No Concílio ele teve a oportunidade de constatar, pelo testemunho dos próprios bispos, que a 'fome' da Palavra de Deus no povo cristão e a falta de pregadores eram um problema geral, de toda a Igreja. Os bispos confessaram humildemente suas omissões e negligências, e até a falta de preparo doutrinal para a pregação ao povo. Eles decidiram que em cada diocese se encarregassem pessoas aptas para pregar a Palavra de Deus e ensinar a Doutrina da fé ao povo.

Outra medida estabelecida pelos padres do Concílio foi a instituição de escolas de Gramática, Sagrada Escritura e Teologia junto às catedrais e demais igrejas. Era uma medida importante, para responder à exigência de uma adequada formação do clero e dos leigos católicos contra as investidas dos hereges. O Latrão IV retomava as determinações já feitas por Concílios precedentes.

A participação neste Concílio foi para Domingos a oportunidade de fazer uma leitura mais ampla, nos horizontes da igreja universal, da situação, dos problemas e dos apelos do momento. Hoje diríamos: uma leitura mais ampla dos 'sinais dos tempos'. Ele pôde assim constatar que os apelos que tinha percebido nas regiões do sul da França eram os mesmos que o povo cristão fazia por toda parte, em todas as dioceses da igreja universal. Domingos pôde constatar que, sem o saber, os padres do Concílio estavam 'canonizando' o carisma que será próprio da Ordem que ele queria fundar: reavivar e fortalecer a pregação evangélica itinerante.

O mesmo vale para a outra medida estabelecida pelos padres do Concílio: a organização junto às igrejas catedrais e metropolitanas de cursos de Gramática, de Teologia e de Sagrada Escritura, destinados à formação do clero e do povo. Faltou só que os padres do Concílio mandassem que esses cursos fossem obrigatórios também para os... bispos ignorantes! Essas medidas confirmavam a convicção que Domingos tinha sobre a importância de se conseguir uma sólida formação, sobretudo bíblica e teológica, em vista da pregação e do ministério pastoral, e também como arma contra as heresias. Reconhecemos aqui, na sua 'fonte', mais um dos traços característicos do carisma dominicano: o valor e a prática do estudo e do ensino religioso.

Tudo parecia confirmar em Domingos a convicção de que, propondo a fundação de uma nova Ordem de pregadores, ele estava no caminho certo. Mas apareceu um obstáculo inesperado: os padres do Concílio, na tentativa de pôr um freio aos grandes fermentos de renovação evangélica e social que sacudiam a cristandade e que facilmente se tornavam movimentos de heresia, determinaram a proibição de fundar novas Ordens religiosas. Quem quisesse ser religioso podia entrar numa das Ordens já existentes, seguindo uma das regras já aprovadas.

Por parte dos Padres do Concílio esta era uma medida de 'prudência', inspirada pelo medo e pela insegurança frente ao 'novo' que brotava por toda parte, na vida da Igreja e na sociedade. Não podemos deixar de constatar o fato curioso de que a proibição dos padres do Concílio acontecia na contramão do Espírito que, exatamente naquele momento histórico, estavam suscitando na Igreja dois grandes carismas: o de Francisco de Assis e o de Domingos de Gusmão.

É fácil imaginar a angústia de Domingos diante de tal proibição. Ele tinha ido a Roma para pedir ao Papa a aprovação da nova Ordem dos Pregadores que, com o seu carisma da pregação itinerante, já estava se moldando no território da diocese de Toulouse. Sabemos que Domingos, com a teimosia de bom castelhano, não desanimou: logo depois do Concílio, acompanhado pelo bispo Fulco, apresentou ao

Papa Inocêncio seu projeto da nova fundação. Podemos pensar, com bom fundamento, que ele tenha justificado seu pedido com a análise da 'fome' da Palavra de Deus que o próprio Concílio acabava de fazer, e com as medidas operativas da pregação itinerante e do ensino que tinham sido tomadas.

Com certeza, Papa Inocêncio entendeu a importância da proposta de Domingos e ele próprio indicou o caminho para driblar o obstáculo da proibição de novas fundações: assumir uma das antigas Regras de vida religiosa e escolher normas de vida tiradas das Constituições das Ordens já aprovadas. No começo de 1216, Domingos voltou a Toulouse, reuniu os companheiros que, com plena unanimidade, escolheram a Regra de Santo Agostinho, elaborando também um projeto de vida comunitária baseado em normas tiradas de outras Ordens, de maneira especial das Constituições dos Cônegos Premonstratenses.

Aprovação definitiva da nova Ordem dos Pregadores

Em setembro de 1216, Domingos retomou o caminho de Roma para apresentar ao Papa o projeto que tinha elaborado junto com sua primeira comunidade. Papa Inocêncio tinha falecido em julho, mas o novo Papa Honório III, que já conhecia Domingos, o acolheu com simpatia, aprovou o projeto, e com a Bula "*Religiosam vitam*", datada a 22 de dezembro de 1216, confirmou a nova Ordem.

Nem um mês depois, com a carta apostólica "*Gratiarum omnium largitori*" de 21 de janeiro 1217, Papa Honório III transmitiu a Domingos e a todos os membros da nova Ordem o mandato da pregação universal. No texto da carta de Honório III aparece pela primeira vez o nome da nova Ordem: "Pregadores."

Junto com a Bula de confirmação da Ordem, essa 'carta apostólica' do Honório III é considerada o documento fundante do carisma da pregação para os filhos de São Domingos. Pouco menos de um mês antes o Papa tinha confirmado a Ordem, permitindo então a sua existência, e aprovando também, implicitamente, a missão que ela se propunha realizar na Igreja e no mundo. Agora é o próprio Papa que exorta e até manda Domingos e seus primeiros discípulos de se entreguem totalmente à pregação:

> "[...]*exortamos e mandamos, por esta Carta Apostólica que, com a ajuda do Senhor, cada vez mais vos entregueis à pregação da Palavra de*

Deus, insistindo oportuna e importunamente, e cumprindo assim, de forma louvável, a tarefa da evangelização."

As palavras "*exortamos e mandamos*" representam uma ordem explícita, dada a Domingos e a seus companheiros pelo sucessor de Pedro. Domingos não podia esperar confirmação mais explícita e firme para a sua Ordem e para o seu carisma! Honório III estava dando prova de ter tomado consciência plena do precioso presente que Deus estava oferecendo à sua Igreja, naquele momento tão problemático.

Merece ressaltar o linguajar 'guerreiro' com o qual o Papa descreve a identidade e a missão da nova Ordem: "[...]*como invictos atletas de Cristo, armados com o escudo da fé e o elmo da salvação*[...] *andais com desprendimento ao encontro do inimigo da fé*".

E também a curiosa referência às mandrágoras: eram plantas de origem oriental cujos frutos eram considerados afrodisíacos e símbolo de fecundidade. As encontramos citadas várias vezes nos textos bíblicos, neste sentido da celebração do amor e da fecundidade do amor. O documento papal as cita no sentido simbólico da fecundidade espiritual: "*para que as mandrágoras espirituais não permaneçam estéreis*".

Depois da plena confirmação da nova Ordem dos Pregadores, com uma série de 'cartas de recomendação', Papa Honório III apresenta frei Domingos e os novos frades 'pregadores' aos bispos, abades e príncipes da cristandade, afirmando que esses frades receberam de sua própria autoridade apostólica a missão de pregar ao povo. Recomendava, então, de não criar obstáculos, mas de garantir todo apoio para a importante missão, da qual os novos frades foram incumbidos. Conservam-se até hoje mais de sessenta destas cartas papais de apresentação.

> "[...]*recomendamos a todos vós nossos caros filhos, os Pregadores, que com sua profissão de pobreza e de vida regular são totalmente entregues ao anúncio da Palavra de Deus. A todos vós, pois, rogamos, firmemente exortamos e mandamos, por meio desta carta apostólica, que os recebais com caridade, quando eles chegarem às vossas regiões para cumprir o ofício da pregação, do qual estão incumbidos*[...]"

Temos aqui uma prova do apoio explícito dado pela autoridade suprema da Igreja à nova Ordem e à sua missão específica. Os frades pregadores são caracterizados pela sua profissão de pobreza e vida regular, e qualificados para a sua missão de pregadores nestes termos significativos: "[...]*são totalmente entregues ao anúncio da Palavra de Deus*". A palavra do Papa para os prelados e pastores da Igreja universal não é somente uma recomendação, mas uma ordem: "[...] *firmemente rogamos e mandamos*". Os frades pregadores irão às dioceses para cumprir uma tarefa que lhes foi confiada pela própria Santa Sé: "[...]*para cumprir o ofício da pregação da qual estão incumbidos.*" Realmente a implantação do projeto de São Domingos pôde contar com o pleno apoio da autoridade suprema da Igreja: o sucessor de Pedro e dos Apóstolos.

Dispersão dos frades e expansão da Ordem

No dia 15 de agosto de 1217, Domingos reúne os primeiros discípulos e, com um gesto profético, os envia aos grandes centros de estudo (Paris e Bolonha) e a algumas das cidades maiores da Europa cristã. A decisão de Domingos não deixa de suscitar perplexidade e até oposição entre os 'prudentes'. Ele justifica sua decisão com as famosas palavras: "*O trigo amontoado apodrece, disperso frutifica*". Os frades são enviados por ele para "estudar, pregar e fundar convento". Graças a esse gesto 'imprudente' de Domingos, a Ordem começou a se difundir e a crescer rapidamente por toda parte.

Domingos, 'mestre' da Ordem

Nos anos entre 1216 e 1221, Domingos dedicou-se à pregação itinerante e acompanhou o rápido desenvolvimento da nova Ordem. Ele promoveu a fundação de conventos na França, na Espanha, na Itália, na Inglaterra, na Alemanha e na Hungria. Em 1220 e 1221 celebrou em Bolonha os dois primeiros Capítulos Gerais da Ordem, fixando a base espiritual e jurídicas da nova fundação.

Entre 1218 e 1221, Domingos fundou em Roma o mosteiro das monjas de São Sisto. Este mosteiro, com sua Regra de vida, será o modelo dos inúmeros mosteiros de monjas dominicanas que logo surgirão por toda parte. No mesmo período, entre 1219 e 1221, promoveu a fundação de um novo mosteiro em Madri e deu também pleno apoio à jovem Diana dos Andaló para a fundação do mosteiro de Santa Inês em Bolonha.

Última doença e morte de Domingos

Depois de uma extenuante campanha de pregação nas regiões de Veneza, Pádua e Treviso, no norte da Itália, Domingos chegou a Bolonha nos últimos dias de julho de 1221. Ele estava gravemente provado por uma doença intestinal que em poucos dias o levaria à conclusão de seu caminho terreno. Morreu na tarde de 6 de agosto de 1221, numa cela emprestada, rodeado pelos frades da comunidade de Bolonha. Conforme o seu explícito desejo de ser sepultado "*debaixo dos pés de seus frades*", foi enterrado no coro da igreja de São Nicolau.

A canonização de Domingos

Devido ao receio dos frades de parecerem vaidosos e interesseiros com o culto ao fundador, a canonização de Domingos aconteceu somente treze anos depois de sua morte, em 1234. O primeiro ato de um processo de canonização era a transladação do corpo do futuro santo para um lugar mais digno e visível, dentro de uma igreja. No dia 24 de maio de 1233 foi celebrada a transladação dos restos mortais de Domingos. Ele tinha sido sepultado no coro da igreja de São Nicolau, realmente "debaixo dos pés de seus frades", conforme ele próprio tinha pedido. Durante os trabalhos de ampliação da igreja entre 1228 e 1230, o túmulo tinha ficado exposto às intempéries. Isto explica o medo dos frades na hora da transladação: eles temiam que o corpo aparecesse em condições de putrefação, exalando mau cheiro, ou destruído pelas intempéries, e que, por causa disso, a fama de santidade de que Domingos gozava na opinião pública ficasse prejudicada. Mas o próprio Deus se encarregou de dar um belo testemunho da santidade de seu fiel servidor, com o milagre do perfume.

Um perfume maravilhoso emanou do seu túmulo, quando foi aberto. O Beato Jordão, primeiro sucessor de Domingos no governo da Ordem, nos deixou um testemunho emocionado desse memorável acontecimento, no qual ele também estava presente. O episódio da transladação e do milagre do perfume é confirmado por várias outras fontes. O acontecimento extraordinário consagrou a fama de santidade de Domingos e deu grande impulso para a realização do processo de sua canonização.

O processo canônico para a canonização foi celebrado em Bolonha e na região de Toulouse a partir de agosto de 1233. No dia 3 de julho de 1234, papa Gregório IX, com a Bula "*Fons Sapientiae*" proclamou a solene canonização de Domingos, que em vida tinha sido seu grande amigo e colaborador. Ele próprio deu este belo testemunho sobre o novo santo:

> *"Graças também à grande familiaridade que ele tinha conosco, quando ocupávamos um ofício mais modesto, nós já tínhamos as provas de sua santidade, tendo tido a oportunidade de admirar pessoalmente a sua vida."*

Este era o importante testemunho pessoal de Papa Gregório sobre a santidade do seu amigo frei Domingos!

O caminho de santidade de Domingos pode ser definido assim: movido pela graça e pela compaixão para com os hereges, Domingos foi moldando sua vida à imagem de Cristo, tornando-se um verdadeiro seguidor do Mestre e uma testemunha do Evangelho. O exemplo e o ensinamento mais importantes que ele nos deixou como herança foram a experiência do seguimento de Cristo.

O corpo de São Domingos está sepultado em Bolonha, na grande basílica que tem o seu nome, numa magnífica 'Arca' de mármore branco na qual, ao longo dos séculos, alguns dos maiores artistas italianos deixaram seu recado de beleza: Nicoló Pisano, Iacopo del Roseto, Nicoló dell'Arca, Michelangelo, Pietro Lombardo, entre outros. Depois de oito séculos, o espírito e o carisma apostólico de Domingos estão vivos e operantes na vida e no trabalho apostólico de seus filhos e filhas: a Família Dominicana.

CAPÍTULO 2

TESTEMUNHOS SOBRE A VIDA DE SÃO DOMINGOS

1. Nascimento, infância e primeira formação

Nascimento em Caleruega e contexto familiar

(1) Naquela época vivia um jovem chamado Domingos, originário da cidade de Caleruega, na mesma diocese de Osma (Libellus, 5). Nascido de pais piedosos e educado religiosamente, desde o começo apareceu como um menino piedoso, que recebeu do Senhor uma alma boa e foi por Ele abençoado com bons frutos. Seu pai se chamava Felix e sua mãe Joana. Seu pai foi um homem honrado e rico proprietário. Sua mãe foi realmente uma mulher honesta, casta, prudente, muito generosa para com os pobres e aflitos. (Cerrato, 2)

A visão do cachorro

(2) Sua mãe, antes de concebê-lo, viu em sonho que daria à luz um cachorro com uma tocha luminosa na boca, e que, ao nascer, parecia incendiar o mundo inteiro. Isto preanunciava que iria nascer um pregador exímio, portador da tocha de sua palavra ardente, com que reavivaria a caridade arrefecida nos corações de muitos; e com os latidos da pregação afastaria os lobos que ameaçam o rebanho. Ele despertaria também para a virtude as almas adormecidas no pecado. Foi o que realmente aconteceu: ele foi, com efeito, um admirável lutador contra os vícios e as heresias, e foi

também um exortador diligente dos fiéis. As suas palavras, na verdade, ardiam como chamas, pois nele moravam o espírito e a força de Elias. (Ferrando, 3)

A visão da estrela

(3) Deus, querendo dar a conhecer o que iria acontecer no futuro, e querendo mostrar também o que haveria de ser aquele menino, mostrou em sonho à mulher que foi a madrinha de Batismo dele a seguinte visão: parecia, na verdade, àquela sua mãe espiritual, que o menino Domingos tivesse na sua fronte uma estrela, cuja luz iluminava toda a terra. Com isto dava-se a entender que ele viria a ser luz para os povos da terra e iluminaria os que jazem nas trevas e na sombra da morte. Esta senhora era uma dama nobre. Maravilhada por tão extraordinária visão, referiu com satisfação à mãe do menino o que ela tinha contemplado em sonho. (Ferrando, n.6)

A multiplicação do vinho para os pobres

(4) Sua mãe era muito compassiva. Em certa ocasião em que, por disposição do Senhor, Felix, aquele homem venerável pai de Domingos, estava viajando, sua mãe, vendo a angústia dos necessitados, depois de doar muitas coisas suas, repartiu entre os pobres um tonel cheio de um vinho que tinham na adega, que era muito bom e apreciado. Quando seu marido esteve de volta, enquanto ainda se aproximava de Caleruega, saíram-lhe ao encontro seus vizinhos e lhe comunicaram o fato do vinho distribuído entre os pobres. Assim que chegou em casa, na presença dos vizinhos Felix pediu à sua esposa que lhes servisse o vinho daquele tonel. Temendo ela uma não pequena confusão, entrou na adega na qual estava o mencionado tonel e, ficando de joelhos, rogou ao Senhor, dizendo: "Senhor Jesus Cristo, embora não seja digna de ser escutada por meus méritos, atende-me por teu servo, meu filho, a quem consagrei ao teu serviço". Pois a mãe estava ciente da santidade do filho. Levantando-se cheia de confiança, dirigiu-se ao tonel e o encontrou transbordante de vinho delicioso. Dando graças ao Doador de todo bem, deu daquele vinho a seu marido e aos demais presentes. Todos ficaram admirados. (Cerrato, n.4)

A infância e adolescência de Domingos: suas penitências desde criança

(5) Assim Domingos foi crescendo sob os cuidados dos seus honrados pais e foi educado religiosamente. E para que a sã doutrina ocupasse primeiro o terno santuário do seu coração, antes de ser marcado pelas pegadas do mundo, foi consagrado como o menino Samuel para ser instruído nos ofícios eclesiásticos. Assim foi que, apoiado como num firme fundamento, progredia cada dia, quer na inteligência, quer na idade, para o progresso das suas virtudes. Por isso não se deve deixar de mencionar o fato de que ele, ainda criança pequena, ajudado pela graça – pois pela natureza seria incapaz disso – foi surpreendido pela ama dormindo como Jacó sobre a terra nua, como que rejeitando já as satisfações da carne e imitando, segundo as suas possibilidades, aquele Menino criador de todos, a quem a intrépida e feliz Mãe, logo que Ele nasceu, reclinou não numa cama régia, mas num berço de feno. (Orvieto, 7)

Confiado aos cuidados do tio padre

(6) Nascido de pais piedosos e educado religiosamente, começou desde criança a dar provas das suas qualidades. Tendo recebido uma índole boa, foi cumulado pelo Senhor com as bênçãos da doçura. Por vontade de seu pai Felix e sua mãe Joana, antes que o seu espírito fosse marcado pelas coisas do mundo, foi confiado a um tio padre para que fosse instruído nos ofícios da Igreja, de tal maneira que pudesse se embeber na fragrância da santidade, como um vaso de barro novo que conserva para sempre o que primeiro tem recebido. (Ferrando, n.4)

Estudos em Palência

(7) Mais tarde Domingos foi enviado a Palência para se formar nas ciências liberais, cujo estudo então ali florescia. Quando lhe pareceu tê-las aprendido bastante, deixou esses estudos, como se receasse gastar neles, com menos fruto, o seu tempo. Passou então para o estudo da teologia e começou a ler avidamente as divinas palavras, mais doces aos seus lábios que o próprio mel. Dedicou-se a esse estudo das disciplinas sagradas por quatro anos. Ele bebia da torrente das divinas Escrituras com tal aplicação e avidez, que pela sede de aprender passava noites inteiras sem dormir. Os ensinamentos que ele recebia

pelos ouvidos, graças a sua poderosa memória, conseguia guardá-los profundamente marcados no seu espírito. Tinha muita facilidade em assimilar tudo o que ia aprendendo, o regava de piedosos afetos e o traduzia em obras de bem. E isto era para ele uma fonte de grande felicidade, conforme o que está escrito no Evangelho: 'Felizes aqueles que ouvem a palavra de Deus e a guardam'.

Dois são os modos de guardar a Palavra de Deus: o primeiro retendo na memória o que recebemos pelo ouvido; o segundo confiando ao afeto e expandindo na ação o que ouvimos. Ninguém duvida que este segundo modo seja o mais recomendável, pois o grão de trigo melhor se guarda confiado à terra do que trancado no celeiro. O servo de Deus, cujas atitudes e ações mostravam abertamente o que trazia guardado no coração, não falhava em nenhum dos dois modos. Ele abraçava com tão fervoroso afeto os mandamentos do Senhor, acolhia a 'voz do esposo' com tão piedoso entusiasmo e boa vontade, que o Deus das ciências lhe aumentou a graça, para que não só se tornasse capaz de beber o leite da doutrina, mas também penetrasse por uma profunda intuição do coração o mistério das questões mais difíceis, e assimilasse com muita facilidade os segredos do alimento mais sólido. (Libellus, n.6-7)

Como por amor de adquirir a sabedoria não tomou vinho durante dez anos

(8) É-nos grato ressaltar, a este respeito, o afã de aprender que este vaso de eleição e futuro homem de Deus Domingos mostrava quando começou a dedicar-se à aprendizagem da ciência. Com efeito, imitando o propósito de Salomão, apesar de ainda não o conhecer, decidiu se abster do vinho, para que sua mente pudesse melhor dedicar-se à sabedoria. Digo que decidiu, e o que tinha decidido ele o fez, pois não provou vinho durante dez anos. Depois, porém, foi obrigado pelo bispo de Osma de boa memória Diogo, como Timóteo por Paulo, a beber vinho, mas não muito, por causa de seu estômago adoentado. E o bebia tão aguado que apenas tinha vestígios do sabor do vinho. (Orvieto, 9)

Vendeu seus livros e pertences para ajudar os pobres que morriam de fome.

(9) Na época em que se encontrava em Palência para estudar, alastrou-se uma grande carestia por toda a Espanha. Vivamente to-

cado pela necessidade dos pobres e movido por um sentimento de compaixão, Domingos resolveu que era preciso fazer algo para eles. Queria, ao mesmo tempo, corresponder aos conselhos do Senhor e, na medida do possível, acudir à miséria dos indigentes que estavam morrendo. Vendeu os livros que lhe eram tão necessários e também todo o seu enxoval, e distribuiu o dinheiro aos pobres. Este exemplo de caridade impressionou muito os seus colegas de estudo e os mestres. Vendo a generosidade do jovem, eles tomaram consciência de seu mesquinho descuido e começaram também a distribuir esmolas mais generosas. (Libellus, n.10)

2. Cônego de Osma

Como foi criado cônego regular e o seu progresso na vida religiosa

(10) Entretanto, enquanto com estes anseios do seu coração progredia de virtude em virtude, a fragrância de sua vida, difundida rapidamente pela fama, chegou ao conhecimento do bispo de Osma. Tendo-o chamado junto de si, o fez cônego regular da sua igreja, sentindo-se feliz não só por ter conseguido para si um filho tão santo, mas também por ter dotado a sua igreja de um ministro tão insigne. Pouco tempo depois, Domingos, tornando-se espelho de santidade e exemplo de religiosidade para todos, foi eleito pelos outros cônegos vice prior da mesma comunidade. Ele entregou-se por completo ao estudo de toda perfeição, caminhando sempre para Deus. Frequentava a igreja dia e noite, entregava-se sem descanso à leitura e à oração e, concentrando-se em si mesmo como Jacó dentro da sua tenda, evitava as andanças de Esaú.

Ele lia também com muita frequência e aplicação o livro das Colações dos Padres e adquiriu um grande grau de perfeição. Chorava com muita frequência. Com efeito, Deus lhe concedera esta graça de chorar pelos pobres pecadores e pelos aflitos. E apresentando-se como um novo Jeremias, manifestava muita compaixão pelas almas que se perdiam. Ardia sempre neste particular desejo e pedia a Deus a clemência divina para eles. Pedia sempre que Deus lhe concedesse a graça de poder se consagrar totalmente à salvação do próximo, o que nunca lhe foi negado. (Orvieto, n.11)

Vida de oração e de estudo em Osma

(11) Com muita frequência costumava passar as noites em oração e de portas fechadas, orava a Deus. Durante esse tempo, em meio às orações, costumava dar vazão, com soluços e clamores, aos sentimentos de seu coração, sem poder reprimir esse desabafo que se ouvia distintamente também de longe. O seu constante e especial pedido a Deus era que lhe concedesse uma caridade verdadeira e eficaz, para zelar e trabalhar pela salvação dos homens, achando que só seria realmente membro do Cristo quando gastasse todas as forças em ganhar almas, assim como o Salvador se entregou totalmente para nossa salvação. (Libellus, 13)

3. As viagens à Dinamarca e a Roma

A primeira viagem para as Marcas.

(12) Aconteceu que Afonso, rei de Castela, planejou combinar o casamento de seu filho Fernando com uma nobre do reino das Marcas. Ele recorreu para isto ao mencionado bispo de Osma, pedindo-lhe que fosse o intermediário desse negócio. O bispo aceitou o pedido do rei e logo, procurando uma companhia de acordo com as exigências de sua virtude, levou consigo o homem de Deus Domingos, subprior de sua Igreja e, pondo-se a caminho, chegou até Toulouse. (Libellus, 14)

O primeiro encontro com a heresia dos Cátaros.

(13) Em Toulouse o bispo Diogo e Domingos perceberam que os habitantes dessa terra, desde muito tempo, eram hereges. Ao ver quantas almas ficavam tristemente iludidas sentiram uma grande pena. Naquela mesma noite em que pousaram nessa cidade, o subprior Domingos discutiu vigorosa e ardentemente com o dono da hospedaria que era herege, e tal foi sua argumentação e força persuasiva que, com a ajuda do Espírito de Deus, ganhou-o para a fé, não conseguindo esse herege resistir à sabedoria e ao Espírito que o faziam falar.

– Depois partiram dali e, à custa de muitos sacrifícios, chegaram ao lugar de destino, onde morava a jovem. Expuseram o motivo da viagem e, obtendo o seu consentimento, apressaram-se em voltar, para que o bispo pudesse relatar ao rei sobre o bom êxito de sua missão, com a aceitação da jovem. (Libellus, 15-16)

Segunda viagem para as Marcas

(14) O rei resolveu enviá-lo de novo com maior aparato a fim de trazer, com todas as honras, a noiva de seu filho. Empreenderam outra vez a penosa viagem, mas quando chegaram às Marcas souberam que nesse meio termo a jovem tinha falecido. Na realidade, para esta sua viagem Deus tinha reservado um objetivo mais salutar. Como ficou comprovado pelos acontecimentos que se seguiram, graças a esta viagem, Deus visava o início de núpcias muito mais excelentes para toda a Igreja: um vínculo de eterna salvação entre Deus e as almas, que haviam de ser convocadas dos inúmeros desvios do pecado para o consorcio da eterna salvação, como provaram os acontecimentos que seguiram. (Libellus, 16)

O bispo Diogo visita o Papa Inocêncio III junto com Domingos

(15) Tendo enviado um mensageiro ao rei, o bispo Diogo aproveitou a oportunidade para chegar com os seus clérigos até a Cúria Romana. Pediu insistentemente ao sumo Pontífice Inocêncio III que, se fosse possível, aceitasse a sua renúncia à diocese. Ele alegava a própria insuficiência frente a dignidade do ofício, tão acima de suas forças. Revelou também ao Sumo Pontífice que, se ele se dignasse aceitar a sua renúncia, o desejo do seu coração era de se consagrar inteiramente à conversão dos Cumanos. O Papa não cedeu à insistência deste pedido e não quis permitir, e menos ainda ordenar que, para a remissão dos seus pecados, o Bispo fosse ao país dos Cumanos para pregar. Um secreto desígnio de Deus reservava os trabalhos deste homem tão eminente para colher frutos copiosos numa outra seara de salvação. (Libellus, 17)

4. A pregação aos hereges no sul da França

Encontro de Montpellier

(16) Nessa mesma época, o Papa Inocêncio enviara um Legado com doze abades da Ordem dos Cistercienses para pregar a fé contra os hereges Cátaros. E estes, reunidos em assembleia com os arcebispos, bispos e outros prelados daquela região, discutiam qual fosse o

modo de executar mais frutuosamente a missão a que tinham sido enviados.

Enquanto eles se achavam reunidos, eis que o nosso bispo de Osma passou por Montpellier, onde se efetuava a reunião. Vendo-o chegar, receberam-no com todas as honras e pediram-lhe conselho, sabendo que se tratava de um homem santo, prudente, justo e cheio de zelo pela fé.

Homem circunspecto e conhecedor dos caminhos de Deus, ele começou por se informar dos ritos e costumes dos hereges. Chamou a atenção para o modo como conseguiam atrair muitos para o lado da sua perfídia, à custa de discussões, pregações e exemplos de fingida santidade. Vendo, ao contrário, o grande e excessivo luxo nos gastos, nos cavalos e nas roupas daqueles que tinham sido enviados a pregar, disse: 'Não é assim, meus irmãos, não é assim que, segundo eu penso, deveis proceder. Parece-me impossível que sejam reconduzidos à fé somente por palavras esses homens que estão apoiados sobre exemplos. Vede que os hereges arrastam as pessoas simples para os seus caminhos aparentando piedade e fingindo exemplos de sobriedade e austeridade evangélica. Assim sendo, se vindes agora ostentar o contrário, pouco edificareis, destruireis muito e de modo algum eles aceitarão. Arrancai um prego com outro prego. Desmenti a falsa santidade pela verdadeira prática da religião, pois a aparência enganadora dos falsos apóstolos só pode ser vencida por uma humildade autêntica. Assim é que São Paulo foi levado a se fazer insensato enumerando suas virtudes, e se gloriando pelas suas austeridades e pelos perigos que passou, a fim de desmascarar a arrogância daqueles que se pavoneavam de uma vida meritória'.

Disseram-lhe eles: 'Que conselho então nos dá, bom pai?' Respondeu-lhes: 'Fazei o que me virdes fazer.' E logo, atuando nele o Espírito do Senhor (1Rs 10,10), chamou os seus e os mandou de volta para Osma com cavalos, alfaias e todo o aparato que trouxeram consigo, retendo apenas em sua companhia alguns clérigos. E comunicou que a sua intenção era de permanecer naquela região para propagar a fé.

Os abades, atendendo ao conselho e animados pelo seu exemplo, resolveram fazer o mesmo. Mandaram de volta aos seus lugares tudo o que haviam trazido, conservando consigo apenas os livros necessários para rezar do Ofício, para o estudo e para as controvérsias. E considerando o bispo como chefe e cabeça de toda a missão, saíram a pé, sem dinheiro, anunciando a fé em voluntária pobreza. Ao ver isso, os hereges, de seu lado, começaram a pregar com sempre maior empenho.

Segurou também consigo o nosso subprior Domingos, a quem muito estimava e com quem estava ligado por um grande sentimento de amizade. Este é Domingos, primeiro frade e fundador da Ordem dos Pregadores que, desde então, começou a se chamar não mais subprior, mas frei Domingos. Domingos, verdadeiramente 'Dominicus': do Senhor, que se manteve inocente do pecado por amor do seu Senhor e zeloso em observar seus preceitos. Verdadeiramente Domingos, porque com todas as suas forças seguiu a vontade de Deus. (Libellus, 19-22)

Depois da morte de Diogo, frei Domingos continua a pregação aos hereges

(17) Depois de passar dois anos anunciando o Evangelho, e para não ser acusado de esquecimento de sua igreja de Osma, o bispo Diogo decidiu regressar à Espanha. Tinha pensado dedicar-se exclusivamente à pregação, e nomear, com o consentimento do Sumo Pontífice, alguns homens aptos para a pregação, com o objetivo de atacar toda heresia anunciando a fé católica. Assim o fez, deixando frei Domingos encarregado da direção espiritual dos que ficavam, e Guilherme Claret como administrador, mas sempre prestando contas a frei Domingos.

Chegou a Osma muito cansado, pois havia feito a viagem a pé cruzando a Castilla. E ali chegou o final de seus dias nesta terra para continuar sua vida no céu, entrando no sepulcro para passar ao descanso eterno. Diz-se que, depois de morto, fez muitos milagres. Informados da morte do bispo de Osma, os que haviam ficado pregando na região de Toulouse, decidiram regressar a suas regiões. Somente frei Domingos com alguns voluntários permaneceu aí sem desfalecer, anunciando o Evangelho (Humberto, 20-21).

Frei Domingos permaneceu aí sozinho, continuando a pregação, pois embora algumas vezes alguns o tivesse seguido, foi somente de forma temporária e sem estar presos a ele pela obediência. Entre estes seguidores, contavam-se o citado Guilherme Claret e um tal Domingos, espanhol, que mais tarde será frade e prior em Madri, na Espanha. Desde a morte do bispo de Osma até o Concílio de Latrão se passaram quase dez anos. Em todo esse tempo frei Domingos permaneceu pregando naquela região. (Libellus, 31 e 37)

Diálogo e debates doutrinais com os hereges; o milagre do fogo

(18) Nas cidades de Pamiers, Lavaur, Montréal e Fanjeaux se organizavam com frequência, em dias marcados, debates públicos presididos por juízes devidamente escolhidos. A estes debates acorriam as autoridades, os soldados, as mulheres e o povo em geral, todos desejosos de assistir a essas contendas sobre a fé.

Houve em Fanjeaux um célebre debate, para o qual se mobilizou uma grande multidão, tanto de fiéis como de hereges. Vários católicos, nessa ocasião, escreveram seus libelos, trazendo as provas da fé por argumentos tirados da razão ou dos autores que tivessem autoridade no assunto. Depois de sério exame desses textos por parte de um júri de três juízes, o do santo homem frei Domingos foi considerado melhor do que os outros e unanimemente aprovado para ser proposto para a defesa, juntamente com o libelo que os hereges tinham escrito. Para a definição da sentença estes eram escolhidos de acordo com os dois lados, de modo que fosse considerada melhor a doutrina daquele cujo libelo os árbitros julgassem mais convincente.

Era grande a divergência de opiniões entre os mesmos e ainda depois de uma longa discussão não conseguiram chegar a um acordo. Tomaram afinal a decisão de lançar ao fogo ambos os textos e, se algum dos dois não fosse queimado, era porque este continha, sem sombra de dúvida, a verdadeira fé. Ateada uma grande fogueira, jogaram nela os dois escritos. O do herege ficou imediatamente queimado, enquanto o outro, que o servo de Deus frei Domingos tinha escrito, não só ficou ileso, mas, à vista de todos, pulou para longe das chamas. Lançado mais uma vez, e mais outra, toda vez o libelo pulou das chamas, demonstrando assim claramente não só a verdade da fé, mas também a santidade de quem o escrevera. (Libellus, 23-25)

A Cruzada contra os hereges

(19) Depois da morte do bispo Diogo, começou-se a pregar na França uma cruzada contra os Albigenses. É que o Papa Inocêncio, indignado porque a irredutível rebelião dos hereges não podia ser ven-

cida pela doçura da verdade, nem ser trespassada pela espada do Espírito, que é a Palavra de Deus, resolveu atacá-los pela força da espada material. (Libellus, 32)

As injúrias que os hereges fizeram a frei Domingos na terra dos Cátaros

(20) Durante o tempo em que aí estiveram os cruzados, até à morte do conde de Montfort, frei Domingos permaneceu firme, como zeloso pregador da palavra de Deus. Quantas injustiças sofreu naqueles dias por parte dos malvados! Quantas ciladas lhe armaram! Chegou ao ponto de responder corajosamente aos que o ameaçavam de morte: "*Eu não sou digno da glória do martírio. Ainda não mereci tal morte*".

Passando por um lugar onde suspeitava que lhe armavam ciladas, ia cantando todo alegre. Quando isto chegou ao conhecimento dos hereges, admirando a sua constância tão inquebrantável, perguntaram-lhe: "Você não tem medo da morte? O que faria se nós o prendêssemos?" Ele respondeu: "Eu lhes suplicaria que não me matassem de um só golpe, mas, pela sucessiva mutilação dos membros, prolongassem o meu martírio. Em seguida, que me colocassem sob os olhos as partes amputadas destes membros e depois me arrancassem os olhos e, enfim, deixassem o tronco nadar em seu próprio sangue, ou o destruíssem completamente. Assim sendo, com uma morte mais lenta, eu mereceria uma coroa de martírio ainda maior". Ouvindo isto, os inimigos da verdade ficaram maravilhados. E daí por diante, não mais lhe armaram ciladas nem tramaram contra a vida do justo, para o qual a morte era mais um obséquio do que um prejuízo. Ele, porém, com tudo o que tinha de energias, num zelo ardentíssimo, se esforçava por lucrar para Cristo quantas mais almas pudesse. Havia no seu coração um admirável e quase incrível ardor de salvar a todos.

Quanto mais o servo de Deus frei Domingos crescia em virtude e boa fama, tanto mais os hereges o hostilizavam. Quanto melhor ele se tornava, tanto menos os olhos doentios dos hereges podiam suportar o brilho de sua luz. Zombavam dele e, achegando-se a ele, escarneciam-no tirando maldades do mau tesouro de seus corações. Mas às injúrias dos infiéis, se contrapunham o respeito e a gratidão dos fiéis. E era tão venerado pelos católicos que a fragrância de sua santidade e a beleza dos seus costumes conquistavam os corações até dos grandes senhores. Os arcebispos, os bispos e os outros prelados daquela região tinham-no como um homem merecedor de grande honra. (Libellus, 34 e 36)

(21) Naqueles dias aguentou dos hereges, com grandeza de alma, injúrias e caçoadas, recebeu ameaças e enfrentou ciladas! Zombavam dele de todas as maneiras, lançaram sobre ele lama e outra sujeira, pendurando palha nas costas para rirem dele. Mas ele suportava tudo isto como o Apóstolo, sentindo-se feliz por ter sido julgado digno de sofrer injúrias pelo nome de Jesus. E não foi somente isso: os hereges também conspiravam contra sua vida e preparavam planos de morte, para se livrar dele.

Frei Domingos procurava com todas as suas forças e com grande zelo ganhar a Cristo o maior número de almas que pudesse. Cultivava no seu coração um admirável e quase incrível anseio pela salvação das almas. (Ferrando, 20)

Oferece a sua vida para a salvação dos irmãos

(22) Seu amor era grande, e pela salvação dos homens estava disposto a sacrificar sua própria vida. Em certa ocasião convidava alguém a se converter, deixando a mentira da heresia e voltando à verdade da Igreja. Mas aquele contou que os tempos eram difíceis e que os hereges lhe davam comida e roupa. Domingos quis vender-se como escravo para remir aquele irmão, imitando o exemplo do Redentor. E o teria feito se Deus, que sempre cuida de seus filhos, não houvesse encontrado outro remédio para a situação daquele pobre homem.

Conta-se que algo parecido lhe havia sucedido estando na Espanha. Uma mulher chorava desconsolada a ausência de seu irmão prisioneiro dos Sarracenos. Domingos, movido pela piedade e a compaixão, quis comprar a liberdade do escravizado vendendo-se a si mesmo. Mas o Senhor não permitiu, pois o havia destinado para dar outros frutos de justiça, e para converter inúmeras de almas. (Humberto, 25)

A força do exemplo de vida para a conversão dos hereges e a edificação dos fiéis

(23) Conhecendo o servo de Deus que os corações dos maus se moviam mais pelos exemplos do que pelas palavras e, por causa dis-

so, muitos ficavam seduzidos pela enganosa superstição dos hereges e caíam no erro, pensou em rebater o exemplo com o exemplo e combater com verdadeiras virtudes a santidade fingida. Havia, na verdade, algumas pessoas nobres na região de Toulouse, de cuja familiaridade se orgulhavam os hereges, como lobos rapaces vestidos com peles de ovelhas. Com efeito, costumavam apresentar-se com grande humildade no vestir, com simplicidade nos gestos, com doçura nas conversas, com grande austeridade na comida. Desfiguravam o rosto para mostrar que estavam jejuando. Quem, mesmo experimentado, não seria enganado à primeira vista? Quem não os julgaria muito santos?

O santo homem, zeloso das almas, tendo imensa pena do fato que as mentes dos simples ficassem assim seduzidas por tais enganos, foi ter com umas nobres senhoras, discípulas e familiares dos hereges, e foi recebido por elas na sua casa, permanecendo aí toda a Quaresma. Para cativá-las com exemplos de santidade, começou a tratar-se, a si e ao companheiro, com tal austeridade, que a fraqueza humana de modo algum poderia suportar, sem o auxílio da divina graça. Com efeito, quando as hospedeiras lhes traziam a comida, ele lhes dizia: "Nós não comemos agora estes alimentos. Dai-nos apenas pão e água fria". O santo homem e o seu companheiro jejuaram assim todos os dias da Quaresma, até a Páscoa. Os seguidores dos hereges se admiravam e diziam: "Estes homens são verdadeiramente bons!"

Quando lhes preparavam uns bons leitos para dormir, diziam: "Nós não descansaremos sobre estas coisas moles, mas sobre tábuas". E com esse tipo de camas, de colchões e de mobiliário passaram todas as noites da Quaresma. Crucificavam todos os dias a própria carne pela salvação do próximo, dormindo sobre a madeira nua, seguindo desse modo o exemplo daquele que no patíbulo da cruz recebeu o sono da morte.

O sono deles era breve. Levantavam-se muito cedo, entregando-se a oração. O bem-aventurado Domingos falou também com algumas daquelas senhoras pedindo-lhes o favor de arranjarem para ele e para o seu companheiro algumas roupas pobres, de que estavam precisando muito. Perguntaram-lhe de que tipos de roupa estavam precisando tanto e ele respondeu: "de cilícios". Recomendou, porém, que ninguém o soubesse e guardassem o segredo! Elas ficaram admiradas pela grande santidade deles e começaram a se deixar atrair pela verdade da fé católica. (Ferrando, 22)

A primeira pregação é o exemplo de vida

(24) Depois da fundação da Ordem, com frequência frei Domingos recomendava a seus frades que, quando se encontrassem com as pessoas, sua santidade interior fosse acompanhada sempre pela ascese, a educação e cortesia no falar e no comportar-se: desse modo, os que os vissem se sentiriam atraídos, e seu amor e fé seriam dignos de crédito. Por isso, o Apóstolo não aceitava pagamento de nenhum tipo, a fim de que a difusão do Evangelho não tivesse obstáculos. E para ganhar o povo, contava como era ele, o que fazia e o que Deus lhe comunicava. Isso confirma o que diz a Escritura: "Brilhe vossa luz diante dos homens, para que vejam vossas boas obras e louvem vosso Pai que está nos céus". (Humberto, 26)

A grande amizade entre Simão de Montfort e frei Domingos

(25) Simão de Montfort naquela época no Sul da França lutava contra os hereges com a espada material, enquanto frei Domingos lutava com a espada da Palavra de Deus. Eles se tornaram muito amigos e Simão de Montfort quis que fosse frei Domingos a abençoar em Carcassonne o casamento de seu filho com a filha do Delfino de Vienne. E também que celebrasse o Batismo de uma de suas filhas que hoje ainda está viva e é priora do mosteiro de Santo Antônio de Paris, sendo considerada uma mulher muito religiosa e de grande santidade. Ele doou também a frei Domingos um castelo para atender às necessidades dele e daqueles que o acompanhavam na pregação. (Humberto, Crônica n.4)

Instituição de um mosteiro de monjas em Prouille

(26) Para acolher algumas moças nobres que os pais, por motivo de pobreza, tinham confiado aos hereges, que as sustentavam e instruíam, foi fundado um mosteiro entre Fanjeaux e Montreal, no lugar chamado Prouille, onde até hoje estas servas de Cristo, com grande vigor de santidade e fulgurante pureza de inocência, prestam ao seu Criador serviços que lhe são caros, levando uma vida salutar para si, exemplar para os homens, consoladora para os anjos e agradável a Deus. (Libellus, 27)

Pregação e cuidado das monjas de Prouille

(27) Naquele tempo, a Ordem dos Pregadores não estava ainda constituída, nem mesmo se havia promulgado nenhuma das leis que

se observam hoje na Ordem. Frei Domingos se entregava por inteiro à pregação. Para sustento próprio e dos seus tinha a igreja de Fanjeaux e um famoso castelo conhecido pelo nome de Casseneuil, que tinha recebido do conde de Montfort, que nutria por Domingos uma especial devoção e um profundo afeto. De tudo o que tinham, São Domingos sempre entregava uma parte às monjas do mosteiro de Prouille. (Humberto, 28)

A recusa do bispado

(28) O senhor abade de Boulbonne, da Ordem dos Cistercienses, declarou sob juramento de ter ouvido dizer em Toulouse, no tempo em que ele era arcediácono daquela cidade, pelo então bispo de Toulouse, Fulco, de santa memória, e pelo próprio bem-aventurado Domingos e muitos outros que o arcebispo de Auch tinha oferecido ao bem-aventurado Domingos o bispado de Conserans, que estava sob a sua jurisdição, mas ele recusou. Às insistências que lhe faziam dava como desculpa o fato da fundação, ainda muito recente, dos Pregadores e das monjas de Prouille, pelas quais ele era responsável. A testemunha acredita que essa eleição para o bispado foi realizada de forma canônica e que houve unanimidade. (Processo T., 3)

5. A fundação da Ordem dos Pregadores

Pregação na diocese de Toulouse

(29) Domingos, confortado pela força do Senhor, enquanto progredia em graça e boa fama diante de Deus e dos homens, agia prudentemente em tudo a que se entregasse. Ele pensou na fundação de uma Ordem cuja missão fosse andar pelo mundo, evangelizando-o pela palavra e pelo exemplo e defendendo a fé católica contra as heresias que se multiplicavam. Ele ficou sozinho naquelas regiões de Toulouse durante quase dez anos, desde a morte de Diogo bispo de Osma, até à celebração do Concílio de Latrão. (Orvieto, 20)

O bispo de Toulouse, de feliz memória, chamado Fulco, que tinha grande afeição para o homem de Deus (Ecl 45,1) frei Domingos, vendo a piedade, como também a graça e o fervor com que se dedicava à pregação, exultando com o alvorecer dessa nova luz, tendo conseguido a aprovação unânime do seu Cabido, entregou a Domingos e a seus companheiros a sexta parte de todos os dízimos da sua diocese, a fim de que com esta renda pudessem ter o necessário para o próprio sustento e para os livros. (Libellus, 39)

Primeira comunidade em Toulouse

(30) Naquele tempo se apresentaram a frei Domingos dois homens de Toulouse, honrados e já maduros. Um era Pedro Seilah, que chegou a ser superior do convento que a Ordem teve em Limoges. Ele possuía umas quantas casas em Toulouse junto ao forte Narbonense. Entregou-as a frei Domingos. O outro se chamava Tomás, homem de trato muito agradável e de grande facilidade de palavra. Todos os que se somavam aos seguidores de frei Domingos viviam na simplicidade e na pobreza, conformando suas vidas aos costumes dos religiosos. (Humberto, 29)

Como foi falar ao Papa Inocêncio sobre a fundação

(31) Quando Fulco, bispo de Toulouse, se dirigiu a Roma para o Concílio, Domingos juntou-se a ele. Já desde muito tempo o bispo Fulco nutria por ele terna afeição, pelo esplendor de sua santidade. Foi com ele ao Sumo Pontífice e pediu para que este confirmasse para Domingos e os seus seguidores uma Ordem que se chamaria e seria de Pregadores. O Papa, porém, a princípio, mostrou-se um pouco renitente à proposta de Domingos. Isto aconteceu por disposição divina, para que realmente, com a revelação que recebeu, o Vigário de Cristo conhecesse quão necessário era para a Igreja que governava o que Domingos, divinamente inspirado, desejava fazer.

De fato, conforme foi testemunhado por muitas pessoas fidedignas, uma noite o próprio Papa, por revelação divina, viu em sonho que a igreja do Latrão estava desmoronando nas suas estruturas e ameaçava ruir. Enquanto, porém, contemplava isso tremendo e chorando, apareceu Domingos que com os seus ombros sustentava a construção daquela igreja que ameaçava cair. Admirado por tal visão e apercebendo-se do seu significado, sem mais esperar, aprovou o propósito de Domingos e aceitou alegre o seu pedido, exortando-o a regressar para junto de seus irmãos e com eles, por uma votação comunitária, escolherem para si uma das Regras já aprovadas, que serviria de fundamento da nova Ordem. E depois, voltando de novo junto dele, receberia a confirmação, conforme o seu desejo. O varão prudente reconheceu nisto uma sábia sugestão, inspirada pelo próprio Espírito Santo. (Orvieto, 21)

Visão de São Pedro e São Paulo

(32) São Domingos estava em oração na igreja de São Pedro em Roma, pedindo para a conservação da Ordem, que ia se propagando graças ao seu esforço. Ele viu de repente, numa visão, que vinham até ele os gloriosos príncipes dos Apóstolos, Pedro e Paulo. Pedro tinha na sua mão direita as chaves do Reino dos Céus, e um báculo na esquerda. Paulo tinha na esquerda a espada com a qual foi degolado e, na direita, o Evangelho. Via como Pedro lhe entregava o báculo, e Paulo, o livro, dizendo-lhe: "Vai e prega, porque foste eleito para este ministério". E havendo perguntado acerca de seus companheiros, logo viu que seus filhos iam dois a dois por toda parte no mundo, pregando a Palavra do Senhor. Por causa disso, regressando a Toulouse, enviou seus frades pelas diversas regiões do mundo. (Cerrato, 15)

Encontro de frei Francisco e frei Domingos em Roma

(33) Encontrando-se frei Domingos em Roma para pedir a Deus e ao Papa a confirmação da Ordem, orando uma noite, conforme o seu costume, contemplou em visão nosso Senhor Jesus Cristo. Ele estava em pé no ar e brandia três lanças contra o mundo. Sua Mãe se colocava de joelhos diante dele e rogava-lhe que tivesse misericórdia dos remidos. O Filho respondeu-lhe: "Não vês quantas injúrias me fazem? Minha justiça não suporta impunemente tantos males". Sua Mãe disse-lhe: "Como bem sabes, aqui está o caminho pelo qual voltarás a conduzi-los para ti. Tenho um servo fiel, que enviarás ao mundo para que anuncie tua Palavra, e os homens se converterão a ti". E mostrou-lhe frei Domingos. O Filho disse então à sua Mãe: "Eis que tua súplica me aplacou, pois este homem ao qual te referiste agirá bem e com diligência; mas dá-lhe um companheiro". A Mãe respondeu-lhe: "Dar-lhe-ei em ajuda outro companheiro para que opere de modo semelhante". Então lhe mostrou São Francisco recomendando-o de igual modo ao Cristo.

Frei Domingos observou com atenção o companheiro que via na visão, e que até então era para ele desconhecido. Reconheceu-o no dia seguinte ao encontrá-lo na igreja, e abraçando-o santamente e cobrindo-o de beijos, lhe disse: "Tu és meu companheiro, tu correrás juntamente comigo. Permaneçamos juntos e não prevalecerá contra nós nenhum inimigo". Narrou-lhe, pois, esta visão, e desde então tornaram-se um só coração e uma só alma no Senhor. Isso mesmo pediram de observar com firmeza a seus discípulos. (Cerrato, 13)

Frei Francisco doa o seu cinto a frei Domingos

(34) Quando frei Francisco e frei Domingos se encontravam juntos em Roma na presença do bispo de Óstia, que depois se tornou Papa, enquanto falavam de Deus em termos mais doces que o mel, o Senhor bispo de Óstia lhes falou assim: "Na igreja primitiva os pastores e os prelados eram pobres, ardentes de caridade e destituídos de ambições. Por que não faremos de vossos frades bispos e prelados que superarão os outros pelo testemunho e pelo exemplo?".

Estabeleceu-se então um diálogo humilde e piedoso entre os dois santos, não que um quisesse convencer o outro, mas para ceder alternativamente a palavra e levar o outro a uma resposta. Por fim prevaleceu a humildade de frei Francisco em não ser o primeiro a responder, recaindo a escolha sobre frei Domingos, que humildemente aceitou a incumbência de ser o primeiro a responder. Frei Domingos então respondeu: "Senhor, com esta experiência meus frades receberiam por certo grande honra, mas tanto quanto eu puder impedir, não permitirei que eles recebam nem mesmo a aparências de uma dignidade."

Ao ouvi-lo, frei Francisco inclinou-se frente ao cardeal e lhe disse: "Senhor, meus frades são chamados menores para que não pretendam tornar-se maiores. Sua vocação os obriga a permanecer em posição modesta e a seguir as pegadas de Cristo a fim de, por este meio, serem elevados mais que os outros aos olhos dos santos. Se, pois, desejais que eles produzam frutos na Igreja de Deus, conservai-os e mantende-os no estado de sua vocação, e mesmo que eles aspirem a alguma honra, fazei-os voltar a sua antiga posição e não permitais que sejam elevados a qualquer dignidade".

Ao se separarem, Domingos pediu a Francisco se dignasse dar-lhe o cinto com que estava cingido. Mas o seráfico Pai recusou por humildade o que frei Domingos lhe pedia por amor. Por fim venceram os piedosos rogos do suplicante e frei Francisco, movido pela força do amor, cedeu seu cinto a frei Domingos, que cingiu com ele sua túnica inferior, usando-o desde então com grande devoção e reverência.

Deram-se mutuamente as mãos e se recomendaram um ao outro com grande doçura. Frei Domingos disse então a frei Francisco: "Desejaria, irmão Francisco, que sua Ordem e a minha não fossem senão uma só e que nós vivêssemos na Igreja sob a mesma Regra". Finalmente, quando se separaram, frei Domingos disse aos que se achavam presentes: "Em verdade vos digo, todas as religiões deveriam imitar este santo homem Francisco, tão perfeita é a sua santidade!". (Celano 2,148-150)

Presença de frei Domingos em Assis no 'Capítulo das esteiras'

(35) Num certo Capítulo Geral que o fidelíssimo servo de Cristo Francisco celebrou na planície de Santa Maria dos Anjos reuniram-se mais de cinco mil frades. Esteve aí também frei Domingos, Mestre da Ordem dos Pregadores, com sete irmãos de sua Ordem[...] Estando todos reunidos, levantou-se o santo pastor e venerável guia, Francisco, e no fervor do Santo Espírito, com voz sonora e solene, propôs àquele bem-aventurado rebanho a palavra da vida, que a unção divina lhe infundia. E propôs-lhe esse tema: 'Grandes coisas prometemos e maiores nos são prometidas. Guardemos estas e suspiremos por aquelas: breve o prazer, eterna a pena, modico o sofrimento, infinita a glória.' E pregando devotissimamente sobre estas palavras, exortava a todos à obediência à Santa Mãe Igreja, à suavidade da caridade fraterna, à oração por todo o santo povo de Deus, à paciência nas adversidades, à pobreza e castidade, à paz e concórdia com Deus e os homens, à humildade e mansidão com todos, ao desprezo do mundo e ao fervente zelo da pobreza evangélica, à solicitude e vigilância na oração e ao divino louvor, e a entregar todo o cuidado e solicitude da alma e do corpo ao bom pastor e Àquele que alimenta as almas e os corpos, nosso Senhor Jesus Cristo bendito.

E disse também: "Para que melhor observemos tudo isso, vos ordeno, a vós irmãos todos aqui reunidos, pelo mérito da salutar obediência, que nenhum de vós tenha algum cuidado ou solicitude da comida e bebida ou de qualquer outra coisa necessária ao corpo. Mas buscai tão somente a oração e o louvor de Deus, confiando todas as vossas preocupações a Cristo, porque é a ele mesmo que pertence de cuidar de vós de modo todo especial". E assim o fizeram todos, com ânimo alegre, e foram para a oração.

Frei Domingos, ao presenciar tudo isso, admirou-se da ordem dada por frei Francisco, reputando que ele estava procedendo de modo imprudente, por mandar a uma tão grande multidão que ninguém tivesse cuidado com as coisas necessárias ao corpo. E previa que assim, com tamanha multidão, haveriam de ocorrer muitos transtornos.

Na hora de comer, porém, chegou muito povo de Assis com muita comida e a distribuíram com alegria, e todos os frades ficaram saciados. Frei Domingos ao ver todas essas coisas e reconhecendo aí, de fato, a divina Providência, censurou-se humildemente pelo juízo indiscreto que antes fizera. Ajoelhou-se diante de frei Francisco confessando humildemente sua culpa e disse: "Em verdade Deus cuida destes santos pobrezinhos e eu não o sabia. Por isso, de agora em diante, prometo observar a santa Pobreza evangélica e amaldiçoo, da parte de Deus, todos os irmãos de minha Ordem que presumirem possuir algo de próprio. Assim frei Domingos ficou muito edificado pela fé de frei Francisco, pela obediência de tão grande e ordenada reunião, pela Providência divina que tinha garantido tão copiosa abundância de todas as coisas. (Atos Francisco, n.20)

A escolha da Regra de Santo Agostinho e as primeiras 'Consuetudines'

(36) Depois de celebrado o Concílio, frei Domingos voltou e comunicou aos frades as palavras do Papa. Por unanimidade os futuros frades Pregadores escolheram logo a Regra de um eminente pregador, o bem-aventurado Agostinho, acrescentando algumas normas mais estritas sobre a alimentação, o jejum, o leito e o vestuário. Resolveram não ter propriedades, para que o ofício da pregação não fosse prejudicado pelo cuidado das coisas terrenas. Somente se limitaram a manter para si algumas rendas. (Libellus, 42)

A primeira Igreja confiada a Domingos em Toulouse

(37) No verão de 1216, foi confiada aos frades em Toulouse a primeira igreja, cujo padroeiro era São Romano. Nesta igreja construiu-se logo um claustro, tendo bastantes celas para estudar e dormir. Os frades eram mais ou menos dezesseis. (Libellus, 44)

A confirmação da Ordem pelo Papa Honório III

(38) Quando morreu Papa Inocêncio foi eleito como sucessor o Papa Honório. Frei Domingos logo o procurou, obtendo a confirmação da Ordem e tudo o mais, conforme o seu desejo e o projeto concebido. (Libellus, 45)

O nome de 'pregadores' para a nova Ordem

(39) Depois da celebração do Concílio de Latrão, no ano do Senhor de 1215, o sumo Pontífice tomando providências para a causa da fé na região de Toulouse, decidiu escrever sobre esta questão a frei Domingos e a seus discípulos. Ele fez chamar o notário e lhe disse: "Sente-se e escreva sobre este assunto nestes termos: "a frei Domingos e a seus companheiros". Depois parou um pouco e disse: "Não escreva dessa forma, mas assim: a frei Domingos e àqueles que estão pregando com ele na região de Toulouse etc.". Depois refletiu mais um pouco e disse: "Não escreva isso, mas desta maneira: Ao mestre Domingos e aos frades Pregadores etc.". Assim o Papa falou e o notário escreveu. Frei Domingos estava presente em Roma e depois de ter sido informado das palavras do chefe do mundo inteiro, Vigário de Jesus Cristo, ficou muito feliz. De fato, a partir daquele momento, tanto na Cúria como por toda parte ele e seus frades começaram a ser chamados de frades Pregadores. (Salanhac)

6. A dispersão dos frades

A dispersão dos frades e crescimento da Ordem

(40) Tendo convocado os frades e invocado o Espírito Santo, frei Domingos disse-lhes que a sua firme decisão era de dispersar todos eles por diversas regiões, não querendo que para o futuro eles continuassem a viver juntos, pois sabia que as sementes espalhadas dão fruto, e as que ficam amontoadas apodrecem. Os frades estranharam o fato de ele assim os dispersar, pois desconheciam que ele agia por um conselho mais alto. Ninguém, porém, ousou opor-se a esta determinação. O grande crédito de que o servo de Deus gozava pela sua santidade afastou deles qualquer sombra de dúvida. Eles julgaram que aquela decisão só podia brotar de sua profunda contemplação do rosto de Deus.

O fiel e prudente administrador frei Domingos dispersou, portanto, segundo a vontade de Deus, seus irmãos, como sementes da salvação das almas que produziriam frutos muito copiosos. Enviou uns para a Espanha, outros para Paris, outros para Bolonha. E os que partiram, foram semeando por toda parte a ciência da salvação, enfrentando grandes dificuldades na pobreza, mas a força de Deus ajudava-os a se multiplicarem. (Ferrando n.31-32)

Frei Domingos envia frei Pedro Seilah a Limoges

(41) Depois da morte do glorioso comandante Simon de Montfort, que morreu em Toulouse lutando no exército do Senhor no ano 1217, no dia depois da festa de São João Batista, frei Domingos dispersou os frades. Frei Pedro Seilah, em cujas mãos eu fiz minha profissão religiosa, muitas vezes me relatou de ter sido enviado por frei Domingos a Limoges para pregar. Ele resistia ao pedido, alegando sua ignorância, despreparo e falta de livros. De fato, tinha somente um caderno com as homilias de San Gregório. Mas frei Domingos lhe disse: "Va meu filho, tenha confiança. De minha parte lhe recomendarei ao Senhor duas vezes por dia. Não tenha dúvida: você ganhará para Deus muitas pessoas e dará muito fruto." Chegando então a Limoges, frei Pedro Seilah foi recebido com amabilidade pelo bispo e pelo capítulo da diocese de Limoges, recebeu uma casa para morar e ele próprio deu o hábito a muitos. (Salanhac, 8)

Os frades mandados para a Espanha

(42) Para a Espanha, foram enviados quatro frades: frei Pedro de Madri, frei Gomez, frei Miguel de Ucero e frei Domingos. Os dois últimos, tendo voltado da Espanha ao mestre Domingos, foram depois enviados de Roma para Bolonha, e aí ficaram. Na Espanha eles não tinham conseguido bons frutos, como era desejável. Ao contrário, os outros dois tinham semeado com muito fruto a palavra de Deus. Este Frei Domingos, de que acima se falou, foi de uma extraordinária humildade. Embora limitado na ciência, era admirável na virtude. (Libellus, n.49)

Os primeiros frades enviados a Paris

(43) Frei Mateus foi enviado a Paris com frei Bertrando, que mais tarde será prior provincial da Provença. Era um homem de grande

santidade, rigoroso e severo mortificador do seu corpo. Ele conformou sua vida seguindo o modelo e os exemplos do frei Domingos, do qual algumas vezes foi companheiro de viagem. Os dois foram enviados a Paris com carta de apresentação do Sumo Pontífice, para aí estabelecerem a Ordem.

Junto com eles foram mais dois frades para estudar: frei João de Navarra e frei Lourenço de Inglaterra. A este último, antes que entrasse em Paris, o Senhor fez algumas revelações sobre o tipo e o lugar de sua próxima morada e sobre a entrada de muitos frades. Os acontecimentos sucessivos confirmaram o que ele tinha previsto. Além desse grupo, foram enviados também frei Mamés, irmão de nascimento de frei Domingos, e frei Miguel de Espanha. Eles levaram consigo um irmão converso normando de nome Odorico.

Todos foram enviados a Paris, mas os três últimos, andando mais depressa, chegaram antes, entrando em Paris no dia 12 de setembro. Os outros mencionados chegaram só três semanas depois. Eles alugaram uma casa perto do hospital da Bem-aventurada Virgem, frente ao palácio do bispo. (Libellus, 51-52)

A casa de Santiago dada aos frades em Paris

(44) No ano de 1218, graças aos insistentes pedidos do Papa Honório, os frades de Paris receberam de forma ainda não definitiva do mestre João decano de Saint-Quentin e da universidade de Paris a casa de Santiago. Começaram a morar nela no dia 6 de agosto. (Libellus, n.53). Eles se estabeleceram aí e construíram um convento no qual tomaram o hábito e entraram na Ordem dos Pregadores muitos bons clérigos. Receberam também a doação de várias propriedades e rendas e tudo correu bem, como frei Domingos tinha preanunciado. (Processo B., V, 26)

Os primeiros frades enviados a Orleans e a Bolonha

(45) No mesmo ano foram enviados a Orleans alguns frades jovens e simples que foram como uma pequena semente da futura fértil seara. (Libellus, 54)

No começo de 1218, frei Domingos enviou de Roma para Bolonha frei João de Navarra junto com frei Bertrando e depois frei Cristiano com um irmão converso. Chegados em Bolonha, aí eles sofreram as privações de uma grande pobreza. (Libellus, 55)

Crise na comunidade dos frades em Bolonha, vocação de frei Rolando de Cremona

(46) Frei Rodolfo relatou que quando a Ordem era um pequeno rebanho e era como planta frágil na estufa, cresceu entre os irmãos do Convento de Bolonha um grande desânimo e estavam tão abatidos e desalentados que muitos deles se consultavam mutuamente a qual das Ordens já fundadas se transladariam, por temer que a nossa Ordem, como coisa nova e pouco firme, viria a se desfazer em nada.

E era tal a consternação que dois dos irmãos mais veneráveis conseguiram de um legado papal, que estava de passagem em Bolonha, o decreto que os autorizava a passar para qualquer mosteiro da Ordem de Cister. E tendo mostrado o decreto a frei Reginaldo, que foi deão da igreja de Santo Aniano de Orleans e, naquela ocasião era vigário do bem-aventurado Domingos, ele falou da questão com grande dor em capítulo, e os frades se puseram a chorar e se sentiam ainda mais perturbados.

Frei Reginaldo, com os olhos erguidos para o céu, falava no seu coração a Deus, no qual depositava toda a sua confiança. Entretanto Frei Claro, homem santo e respeitado e muito versado em direito civil, que tinha sido também professor de direito canônico e artes liberais e, depois seria prior provincial da Província Romana, e também penitenciário e capelão do Papa, começou a persuadir os irmãos e a confortá-los com fortes argumentos.

Ele tinha acabado a sua exortação, quando o Mestre Rolando de Cremona, que então era catedrático da universidade de Bolonha e gozava de grande prestígio por sua preparação, e que mais tarde seria o primeiro professor de teologia entre os frades de Paris, movido pelo Espírito de Deus, veio sozinho procurar os frades, fugindo do mundo e, como ébrio de espírito, sem protocolos, pediu para ser admitido na Ordem. Frei Reginaldo, então, sem esperar outro hábito, com grande alegria tirou logo o seu capuz e o vestiu. O sacristão tocou o sino e, enquanto os irmãos cantavam o *Veni Creator,* com muita dificuldade por causa das lágrimas, afluiu uma grande multidão de pessoas, homens, mulheres e estudantes de toda a cidade e ficaram admirados. Por isso os frades recuperaram um grande fervor e o desânimo anterior desapareceu. E aqueles dois frades, reconhecendo ter agido mal e renunciando ao decreto, prometeram perseverar na Ordem.

Na noite seguinte, o mencionado frei Rodolfo, que estava muito triste por aquela primeira perturbação dos frades, foi consolado pelo Senhor com a seguinte visão: parecia-lhe ver a Cristo junto com Maria Santíssima e São Nicolau, e este bem-aventurado lhe punha a mão sobre a cabeça, dizendo:- "Não temas meu irmão porque, velando por vós Nossa Senhora, todas as coisas acontecerão bem, para ti e para sua Ordem." E nesse momento viu um barco cheio de frades pela água que corre perto de Bolonha e São Nicolau lhe disse: "Vês aqueles frades? Não temas, porque eles serão tantos que encherão o mundo inteiro." (Vitae Fratrum, n 35)

Pregação de Mestre Reginaldo em Bolonha

(47) Mestre Reginaldo, recuperada a saúde, embora já tivesse o compromisso de fazer a profissão na Ordem, atravessou o mar visitando a Terra Santa, a fim de satisfazer sua devoção, e quando voltou foi para Bolonha no dia 21 de dezembro. Começou logo a consagrar-se totalmente à pregação. Sua palavra era como se tivesse passado pelo fogo. O seu sermão, como uma tocha acesa, inflamava os corações de todos os ouvintes, de modo que dificilmente haveria alguém tão obstinado que se subtraísse ao seu calor. Foi crescendo então em Bolonha um grande fervor, porque um novo Elias parecia ter-se erguido. Naqueles dias frei Reginaldo recebeu na Ordem muitos bolonheses e começou a crescer o número de seus discípulos, aos quais se juntavam continuamente muitos outros. (Libellus 58)

Visão pela qual se converte um estudante.

(48) No tempo em que foi doada aos Frades Pregadores a Igreja de São Nicolau em Bolonha, um estudante muito instruído, mas muito vaidoso, se converteu através da seguinte visão: ele via que uma grande tempestade o surpreendia no campo e, indo se refugiar numa certa casa, encontrou-a fechada. Alguém de dentro respondeu: "Eu sou a Justiça e moro aqui; esta é a minha morada. Mas tu não entrarás nela, porque não es justo". Ele ficou triste por isso e bateu em outra porta, pedindo para ser recebido. Responderam-lhe: "Eu sou a Verdade, mas também não te receberei, porque a verdade não acolhe aqueles que não a amam". Viu uma terceira porta e pediu para que o acolhessem, mas recebeu a seguinte resposta: "Eu sou a Paz e moro aqui. Mas não há paz para os ímpios, só para

os homens de boa vontade. Porém, como eu abrigo pensamentos de paz e não de aflição, vou lhe dar um conselho útil: um pouco mais à frente mora a minha irmã que se compadece dos aflitos. Recorre a ela e siga seus conselhos".

Ele assim o fez. Recorrendo à Misericórdia – assim se chamava a senhora –, ela lhe respondeu: "Se desejas te salvar da tempestade iminente, recorre a São Nicolau, onde moram os Frades Pregadores e ali encontrarás o estábulo da penitência e o presépio da continência, serás abastecido com o alimento da doutrina, o burrinho da simplicidade e o boi da prudência. Encontrarás Maria que te iluminará, José que te auxiliará e Jesus que te salvará".

Acordando e refletindo com fervor estas coisas, agiu como lhe tinha sido aconselhado. (Vitae Fratrum, n.38)

Viagem de frei Domingos a Espanha, Paris e Bolonha

(49) Frei Domingos viajou para a Espanha e fundou por lá duas casas: uma em Madri, que hoje é mosteiro das monjas, e a outra em Segóvia. Esta de Segóvia foi a primeira casa dos frades na Espanha. No ano de 1219, frei Domingos viajou da Espanha para Paris, onde encontrou uma comunidade de quase trinta frades.

Em Paris ele não ficou por muito tempo, partindo logo para Bolonha. Aqui encontrou uma numerosa comunidade de frades em São Nicolau. Frei Reginaldo cuidava deles com solicitude e diligência, sob a disciplina de Cristo. Ao chegar, todos receberam frei Domingos com alegria, tributando-lhe respeito como a um pai. Permanecendo ali entre eles, incrementava a tenra infância daquela nova plantação com conselhos espirituais e exemplos de vida. (Libellus, 59-60)

Frei Domingos envia frei Reginaldo para Paris

(50) Com grande desolação daqueles filhos que ele gerara no Cristo pela pregação do Evangelho, frei Domingos transferiu frei Reginaldo de Bolonha para Paris. Eles choravam por se verem arrancados tão depressa dos fecundos seios de sua mãe, aos quais se tinham acostumado. (Libellus, 61)

Envio de frades para a Hungria

(51) No ano do Senhor 1221, frei Paulo de Hungria, que no momento de sua entrada na Ordem ensinava direito canônico em Bolo-

nha, junto com outros quatro frades foi enviado por frei Domingos à Hungria. (B. Gui, 20)

A difusão da Ordem como ação de Deus

(52) Tudo isso, porém, se fazia e acontecia por desígnios de Deus. Era coisa maravilhosa ver como o servo de Deus, mestre Domingos, ao enviar os frades para cá ou para lá, nas diversas partes da Igreja, conforme acima se lembrou, tudo fazia com grande confiança e sem a mínima hesitação, mesmo que aos outros parecesse inoportuno. Era como se já tivesse certeza dos acontecimentos futuros e fosse orientado por uma revelação do Espírito. E quem ousaria duvidar disso? Ele tinha consigo poucos frades e estes, na maioria, eram homens modestos e pouco instruídos. No entanto os espalhava por toda parte, de modo que aos filhos deste século, julgando segundo sua prudência, mais parecia que ele estava destruindo do que desenvolvendo a obra começada. Mas é que ele sustentava os que enviava com o sufrágio de suas orações e não faltava o poder do Senhor para multiplicá-los. (Libellus, n.62)

O primeiro Capítulo celebrado em Bolonha

(53) No ano de 1220, foi celebrado em Bolonha o primeiro Capítulo desta Ordem. Neste Capítulo foi determinado de comum acordo pelos frades que se celebrasse o Capítulo Geral um ano em Bolonha e outro ano em Paris. No ano seguinte, porém, devia ser celebrado em Bolonha. Foi também ordenado que os nossos frades não tivessem rendas ou propriedades e renunciassem àquelas que possuíam na região de Toulouse. Foram ainda decididas muitas outras coisas, que até hoje são observadas. (Libellus, 86-87)

7. A fundação de mosteiros da Ordem

A fundação do mosteiro das monjas de São Sixto

(54) Papa Honório III tinha confiado a Frei Domingos a tarefa de reunir as monjas que viviam nos vários mosteiros de Roma no convento de São Sixto, no qual naquela época ainda moravam os frades. Entre as monjas que tinham acolhido o projeto da unificação estava também a abadessa de Santa Maria in Tempulo, com irmã Cecilia e demais monjas da comunidade, menos uma.

Naquela igreja era venerada a imagem da Beata Virgem que atualmente se encontra na igreja de São Sixto. A abadessa tinha prometido nas mãos de frei Domingos que entraria no novo mosteiro junto com suas irmãs, mas a condição de que a imagem da Beata Virgem ficasse com elas na igreja de São Sixto. Se, como já tinha acontecido no passado, a imagem tivesse voltado à sua igreja de origem, ela mesma e todas as demais monjas teriam ficado livres daquela promessa.

Frei Domingos tinha aprovado com prazer esta condição e tendo recebido a profissão, proibiu as monjas de sair ainda da clausura para visitar seus parentes ou por qualquer outro motivo. Quando os parentes souberam do acontecido, vieram ao mosteiro para se queixar com a abadessa e as demais monjas pelo fato de que, confiando naquele malandro desconhecido, permitiam a destruição de um mosteiro tão antigo e nobre. Assim várias delas se arrependeram da promessa que tinham feito.

Tendo conhecimento do fato, frei Domingos foi visitá-las numa manhã. Tendo celebrado a Missa e feito a pregação, disse: "Minhas filhas, sei que vocês estão já arrependidas e querem retirar o pé do caminho do Senhor. Quero então que todas as que ainda desejam entrar, renovem livremente a sua profissão nas minhas mãos". A abadessa e todas as demais, também aquelas que tinham se arrependido, mas agora estavam voltando atrás pelos méritos dele, renovaram a profissão nas mãos de frei Domingos.

Quando todas tinham renovado os votos conforme a mesma condição estabelecida antes, frei Domingos pediu todas as chaves e assumiu a partir daquele momento a autoridade sobre o mosteiro. Encarregou vários irmãos conversos de manter a guarda do mosteiro de noite e de dia e de dispensar a comida e o necessário às monjas reclusas, às quais proibiu de falar ainda sozinhas com os parentes e demais pessoas.

Quando o Papa ofereceu aos frades a igreja de Santa Sabina e eles foram morar aí, levando consigo todos os utensílios, os livros e as demais coisas, frei Domingos estabeleceu que a abadessa e as outras monjas se mudassem para a igreja de São Sixto. Foi no primeiro domingo da Quaresma que elas entraram. A primeira de todas foi irmã Cecília, que na época tinha 17 anos de idade e naquela ocasião recebeu o hábito do próprio frei Domingos e fez pela terceira vez sua profissão nas suas mãos. Depois dela foi a abadessa com todas as monjas do mosteiro e várias outras, entre religiosas e leigas, em um total de quarenta e quatro irmãs.

A imagem de Nossa Senhora foi trasladada no dia seguinte, durante a noite por medo dos romanos que se opunham àquela transladação pelo fato de que para eles era mais fácil ir rezar na igreja antiga. O próprio frei Domingos, acompanhado pelos dois cardeais Nicolau e Estevão, e por muitas pessoas, todas caminhando de pés descalços e segurando tochas nas mãos, carregou a imagem nos ombros até a igreja de São Sixto. As monjas esperavam em oração, também com os pés descalços. A imagem foi colocada com muita devoção na igreja das monjas onde ainda hoje se encontra para o louvor de Nosso Senhor, ao qual seja dada honra pelos séculos dos séculos. Amém. (Cecília, 14)

Frei Domingos e Diana dos Andaló: origem do mosteiro de Santa Inês em Bolonha

(55) No ano do Senhor 1218, alguns frades foram enviados por frei Domingos de Roma para Bolonha. Quando chegaram, eles pediram a Rodolfo a igreja de São Nicolau. Este clérigo era o sacerdote responsável pela igreja, que se encontrava numa área da cidade chamada 'das videiras'. Esse lugar era de propriedade do senhor de Andaló, pai da jovem Diana. O senhor de Andaló não queria entregar o lugar para os frades, mas pela insistência de sua filha Diana – mais tarde fundadora do mosteiro de Santa Inês – mudou de ideia e cedeu aos frades o lugar. Os frades construíram uma casa e um claustro, e pela graça de Deus começaram a se multiplicar.

Nesta época mestre Reginaldo chegou a Bologna e começou a pregar a Palavra de Deus com grande entusiasmo. A jovem Diana, filha do senhor de Andaló, movida pelo Espírito, começou a desprezar as pompas e as vaidades do século e a se aproximar mais aos frades Pregadores, se entretendo com eles com muita frequência. Por isso, quando frei Domingos chegou em Bolonha, Diana ligou-se a ele com toda a afeição do seu coração. Pouco depois, ela se colocou nas suas mãos e fez a profissão diante do altar de São Nicolau, na presença de frei Reginaldo e de outros dois frades: frei Guala de Brescia e o já mencionado frei Rodolfo. Havia também algumas mulheres que ainda hoje estão vivas. Muitas nobres senhoras de Bologna, seguindo seu exemplo, começaram a se aproximar dos frades Pregadores e a se preocupar com a salvação de suas almas. Assim se despertou também a devoção de numerosos cavaleiros nobres e parentes dessas senhoras, que começaram a seguir e ajudar os frades.

A jovem Diana, que não tinha esquecido seu voto, começou a tratar com frei Domingos sobre como ela poderia realizar a vivência desse voto. Um dia, frei Domingos reuniu os frades e pediu o consenso deles para a construção de uma casa de mulheres que se chamaria e seria da Ordem dos Pregadores. Os frades responderam-lhe que ele fizesse como lhe parecia melhor. frei Domingos disse então aos frades: "Eu não quero decidir já hoje, porque quero antes consultar o Senhor. Amanhã vamos ver". Conforme seu costume, ele se recolheu numa profunda oração. No dia seguinte, depois da oração da manhã, estando sentado junto com os frades no capítulo, ele disse: "Meus irmãos, é absolutamente necessário que a casa das mulheres seja edificada, também se para a construção dessa nossa casa for necessário esperar.

Tendo de sair de Bolonha, frei Domingos confiou a questão aos cuidados de quatro frades: Mestre Paulo de Hungria, frei Guala futuro bispo de Brescia, Frei Ventura de Verona futuro provincial e frei Rodolfo de Faenza, de que já falamos. Os quatros encontraram – ainda estando vivo frei Domingos – um lugar onde construir a casa das mulheres. Mas o bispo de Bolonha não permitiu que se construísse uma igreja neste lugar, porque se encontrava muito perto da cidade.

Enquanto isso, a jovem Diana morava na casa de seu pai, porém somente com o corpo, mas não com o espírito. Ela levava um cilício sobre as carnes debaixo do seu vestido e se cingia com uma corrente de ferro. Por cima se revestia de púrpura, de seda, de pedras preciosas, de ouro e prata. Ela ficava no seu quarto de manhã até a hora terça, permanecendo em oração e silêncio. Por medo dos familiares ela não podia realizar aquilo que tinha prometido a frei Domingos: de edificar uma casa de mulheres que se chamaria e seria da Ordem. Um dia, que era da festa de Santa Maria Madalena, Diana comunicou que queria fazer visita ao mosteiro de Ronzano. Ela se dirigiu a este lugar com grande pompa e aparato, acompanhada por muitas amigas. Quando chegou ao lugar, entrou sozinha no mosteiro até o dormitório das monjas, pediu improvisamente o hábito e o recebeu.

Quando as companheiras souberam do fato enviaram um mensageiro à cidade. Logo reuniram-se muitas pessoas, homens e mulheres, parentes e amigos, que foram até o mosteiro, e para obrigar Diana a sair usaram de tanta violência que lhe quebraram uma costela. Ela conservou o sinal desta ruptura até a morte. Por causa dessa violência de que foi vítima ela precisou ficar parada na casa paterna por quase um ano.

Frei Domingos naqueles dias estava em Bolonha. Quando soube de entrada de Diana no mosteiro ficou muito contente. Mas quando foi informado das violências de que tinha sido vítima, ele se solidarizou com o seu sofrimento e no período em que ficou presa em casa lhe enviava mensagens de consolo. Os familiares não permitiam que ela falasse com alguém estranho se não estivesse presente algum deles.

Nesse período, frei Domingos faleceu e foi para a glória eterna. Diana permaneceu presa na casa paterna e sofreu muito pela morte de um pai tão bom. Mas Deus todo poderoso, que a tinha escolhido 'antes da criação do mundo', não a abandonou, mas a liberou do peso da dor, e ela começou a se recuperar de sua grave doença.

Quando ficou um pouco melhor ela fugiu outra vez e voltou ao mosteiro de Ronzano. Vendo a sua persistência os familiares pararam de persegui-la e a deixaram livre." (Crônica de Santa Inês, 1-10)

8. Última doença e morte de frei Domingos

(56) Frei Ventura relatou que nos últimos dias de julho, devido ao grande calor, o bem-aventurado Domingos voltou muito cansado da cúria do cardeal Ugolino, bispo de Óstia, legado da Santa Sé e agora sumo Pontífice, que na época se encontrava em Veneza. Apesar do cansaço, ficou conversando durante boa parte da noite sobre questões da Ordem com frei Rodolfo e com ele próprio, frei Ventura, que era o prior recém-nomeado. Frei Rodolfo tinha vontade de dormir e exortou o bem-aventurado Domingos para ir dormir também e de não levantar para a celebração do Ofício da meia-noite. Ele, porém, não quis escutar estas recomendações e foi para a igreja, onde passou a noite inteira em oração. Pelo testemunho dos frades, frei Domingos participou no Ofício de Matinas.

Quando terminou, pelo que relataram os frades, sentiu uma forte dor de cabeça. Foi então que se manifestou aquela doença que o devia levar ao Senhor. Prostrado pela enfermidade, não quis descansar em nenhum leito, mas sim sobre um saco no chão. Mandou chamar os frades noviços e com tenras palavras e grande carinho os consolava e admoestava a fazer sempre o bem. Sofria tão pacientemente daquela enfermidade, como de outras anteriormente, e de nada se queixava nem gemia, mas, pelo contrário, sempre foi visto risonho e alegre.

Quando a doença ficou mais grave o levaram num lugar mais alto e ameno perto de Santa Maria do Monte. Percebendo a proximidade da morte, mandou chamar junto de si o prior e os frades. Logo o prior foi visitá-lo junto com uns vinte religiosos. Enquanto eles ficavam ao redor da cama e frei Domingos estava sentado, ele começou a lhes fazer uma bela e comovente exortação. A testemunha declara que nunca tinha ouvido da boca de Domingos uma exortação tão edificante. Pelo que lembra, recebeu naquele momento a Unção dos enfermos.

Foi nesta oportunidade que frei Ventura ficou sabendo que o monge que na época era reitor daquela igreja tinha declarado que se frei Domingos tivesse falecido naquele lugar, não teria permitido que o levassem embora, mas o teria sepultado na sua igreja. Ele informou disso frei Domingos, que logo exclamou: "Não deve acontecer que eu fique sepultado em outro lugar, a não ser debaixo dos pés de meus frades! Levem-me embora daqui. É melhor que eu morra no caminho e assim vocês poderão me sepultar na nossa igreja". Então, com muito cuidado para que não morresse no caminho, o carregaram e o levaram de volta em Bolonha, na igreja de São Nicolau.

Quando chegou, descansou por uma hora e depois mandou chamar o prior frei Ventura e lhe disse: "Preparai-vos". O prior, junto com alguns frades, preparou-se para a solene encomendação da alma eles ficaram ao redor dele. Frei Domingos lhes disse: "Esperem ainda um pouco". O prior falou assim: "Pai, tu sabes que nos deixará desolados e tristes. Reza para nós ao Senhor". Então o bem-aventurado Domingos, levantando os olhos e as mãos ao céu, disse: "Pai santo, Tu sabes que eu permaneci contente e fiel à tua vontade e que conservei e cuidei daqueles que me confiaste. Eu os confio a Ti, conserva-os e ampara-os". (Processo B, I,7-8)

Testamento espiritual de frei Domingos

(57) Para que não parecesse que deixava deserdados e órfãos os filhos que o Senhor lhe tinha confiado, visto que iam ficar privados da companhia de tão grande pai e mestre, frei Domingos deixou-lhes um testamento, não de objetos materiais, mas de virtude espiritual, não de propriedades terrenas, mas de convívio celeste em Cristo. Afinal legava-lhes o que possuía: "Irmãos caríssimos, o que eu vos deixo para herdardes e possuirdes como filhos é o seguinte: tende a caridade, observai a humildade, possuí a pobreza voluntária".

Foi um testamento de paz, um testamento que nunca deve se apagar por esquecimento, nunca deve ser desprezado, nunca mudado nem nunca acrescido. Testamento selado não pela morte do testador, mas pela aquisição da vida imortal! Feliz daquele que não despreza, não desdenha nem tira a veste incorruptível da caridade, o alicerce fértil da humildade, o tesouro desejável da pobreza: este é o legado deixado por tão grande Pai! Todo aquele que conviveu com frei Domingos, durante a sua vida, não duvida que ele tivesse possuído essas virtudes. O quanto sua vida foi cheia de virtudes, também se a língua ficasse muda, proclamam-no os milagres que precederam e seguiram sua feliz passagem.

Igualmente, sua grande confiança na hora da morte é uma prova de quanto ele foi justo e por isso é recordado com louvor. O glorioso pai proibiu rigorosamente que alguém resolvesse ter na Ordem propriedades temporais, pedindo a Deus que amaldiçoasse, e ele próprio teria amaldiçoado, aquele que tentasse obscurecer com o pó das riquezas terrenas essa Ordem ornada sobretudo pela profissão da pobreza. (Ferrando 50)

(58) Frei Ventura declarou que, conforme os frades lhe relataram, tendo-se recomendado a ele, assim respondeu: "Serei mais útil a vocês depois da morte, de quanto pude sê-lo durante a minha vida". Depois o bem-aventurado Domingos disse ao prior e aos frades: "Comecem". Eles começaram a cantar o ofício da encomendação da alma e a testemunha acredita que frei Domingos ia acompanhando o ofício, porque movia os lábios. Todos viram que ele faleceu enquanto cantavam estas palavras: "*Subvenite Sancti Dei*...": 'Venham acolhê-lo Santos de Deus; venham anjos do Senhor para receber sua alma e levá-la até a presença do Altíssimo'. (Processo B., I, 7-8)

Exéquias e enterro de frei Domingos

(59) Nos dias da morte de frei Domingos, aconteceu que o cardeal bispo de Óstia, então Legado na Lombardia e hoje Sumo Pontífice da Igreja Romana com o nome de papa Gregório, tinha vindo a Bolonha, e por causa disso muitas pessoas importantes e prelados das igrejas estavam na cidade. Quando lhe chegou a notícia de que o mestre Domingos partira desta vida, ele fez questão de comparecer, pois o conhecia muito bem e sabia que era um homem justo e santo. Foi ele próprio o oficiante dos funerais.

As muitas pessoas que estavam presentes tinham no seu coração a certeza da felicidade da morte do bem-aventurado e da santidade de sua vida sobre a terra. Todos estavam convictos de que ele acabava de receber no céu a estola da eterna imortalidade. Aquelas exéquias foram para todos uma pregação sobre o desprezo do mundo e um convite a pensar como o desprezo deste mundo e o desapego da vida presente sejam o caminho seguro para merecer o eterno descanso e uma habitação nos céus. E também como é possível merecer uma morte preciosa pela humildade desta existência terrena. (Libellus, 96)

(60) Frei Rodolfo relatou que ele mesmo mandou cavar o túmulo, providenciou a pedra para encobri-lo, mandou fazer o esquife de madeira no qual foi colocado o corpo, fechou-o com chave de ferro e o cuidou com atenção até quando foi colocado no túmulo. No esquife e no túmulo não foi colocado nenhum perfume, nenhuma substância aromática. Nenhum outro poderia ter colocado isso sem ele o saber, sendo que ele era o procurador do convento e nada disso poderia ser feito sem a sua autorização. (Processo, B., VI, 34)

(61) Frei Ventura lembra que durante o inverno sucessivo à sua morte, na igreja antiga onde tinha sido sepultado se percebia um perfume muito forte. Isto em toda a igreja, mas sobretudo perto do seu túmulo. A própria testemunha percebeu esse perfume, como também os frades do convento, muito dos quais ainda estão vivos e podem dar testemunho desse fato. O perfume durou por muitos dias e não dava de saber que tipo de aroma fosse. Todos, porém, tinham certeza de que saía do túmulo dele.

Frei Ventura relata também que, pelo que ouviu dizer, e ele próprio tem certeza disso, Deus operou muitos milagres pela intercessão do bem-aventurado Domingos, tanto na ocasião de sua morte como também depois, naquele ano e nos seguintes. Ele o acredita e afirma pelo fato de que muitos homens e mulheres vinham ao sepulcro com velas, pequenos quadros e ex-votos, afirmando que Deus tinha operado milagres em favor deles e de seus parentes pelos méritos do bem-aventurado Domingos.

Alguns queriam que o túmulo do bem-aventurado frei Domingos fosse recintado com uma grade e enfeitado com tecidos de seda. Mas os frades se opuseram, por medo de que a afluência dos devotos fosse causa de desordem, e alguém os acusasse de ter feito ou permitido isso por causa da cobiça de lucro, ou por vanglória. (Processo B., I,8-9)

A visão que teve frei Guala na hora da morte de frei Domingos

(62) No mesmo dia e na hora exata de sua morte, frei Guala, prior de Brescia, cidade da qual mais tarde será eleito bispo, estava descansando no local do sino do Convento e adormecera levemente. Então viu como uma abertura no céu, pela qual eram descidas duas escadas brancas. No alto, o Cristo segurava uma delas, e sua Mãe a outra. Movimentavam-se anjos, subindo e descendo por ambas as escadas.

No baixo das escadas, ao centro, estava colocada uma cadeira. Na cadeira sentou alguém semelhante a um frade, com o rosto coberto pelo capuz, como se costuma sepultar os nossos frades. O Cristo Senhor e sua Mãe, pouco a pouco, iam puxando as escadas para cima, até que aquele que fora colocado embaixo chegou bem alto. Finalmente, quando este foi recebido no céu com imenso esplendor entre os cânticos dos anjos, fechou-se aquela fulgurante abertura e mais nada apareceu. O frade que vira isto, embora estivesse muito doente e fraco, recuperou logo as forças e imediatamente tomou a estrada para Bolonha, onde verificou que nos mesmos dia e hora falecera o servo de Cristo Domingos, conforme ele próprio nos contou. (Libellus, 95)

A revelação feita a frei Raão

(63) Não é menos digno de admiração nem argumento de menor certeza o que, com mais clara luz e a maior distância, se revelou a frei Raão. Acompanhado por frei Tancredo, ele viajava de Roma a Tivoli e, ao chegar à hospedaria habitual por volta do meio-dia, por ordem de frei Tancredo, aproximou-se do altar para celebrar a missa, tendo-se confessado antes a frei Tancredo, o qual lembrou-lhe que se recordasse do querido Pai que, segundo tinham ouvido dizer, se encontrava doente em Bolonha. E, quando na missa chegou ao momento da lembrança dos vivos, ele recordou o que lhe tinha sido recomendado e ficou de repente fora de si e, de pé no altar, arrebatado no espírito, contemplou numa clara visão frei Domingos tendo uma coroa de ouro na cabeça, resplandecendo com um brilho maravilhoso e saindo de Bolonha pelo caminho real, acompanhado por dois homens.

Por tal visão se lhe dava a conhecer, por revelação certa, que naquela hora, ou seja, às doze horas daquele dia, sexta-feira, o homem de Deus Domingos tinha partido do corpo entrando glorioso na pátria celeste. Logo que a visão terminou, voltou a si e, prosseguindo a Missa desde aquele ponto em que foi arrebatado, concluiu a celebração normalmente. Frei Raão, pela sua humildade, que sem dúvida era grande, silenciou durante muito tempo a dita visão mas depois, por inspiração divina, a revelou a muitos, e eu mesmo o ouvi contá-la várias vezes, e ele a subscreveu com sua própria mão. (Orvieto, 65)

O túmulo de frei Domingos: descuido dos frades e devoção do povo

(64) Na sua insondável sabedoria, a divina bondade muitas vezes costuma adiar um bem, não para que seja eliminado, mas para que, temporizando, surja mais fecundo no tempo oportuno. Aconteceu que, seja por um desígnio da Providência com que Deus governa a sua Igreja, seja pela diversidade de opiniões, havia muitos que, seguindo de maneira exagerada o caminho da modéstia, diziam que era suficiente que a imortal memória de frei Domingos, servo do altíssimo Senhor e fundador da Ordem chamada dos Pregadores, fosse conhecida apenas junto de Deus e não precisava se preocupar que ela fosse conhecida pelos homens. Como acima se disse, é evidente que uma espécie de treva envolvia os corações dos frades e mal havia quem viesse agradecer de forma digna esta graça divina.

Apesar disso, depois da morte de frei Domingos, cresceu muito a devoção do povo para com o homem de Deus. Acorriam numerosos os que estavam aflitos pelos sofrimentos de quaisquer enfermidades. Os que ali acorriam dia e noite confessavam ter recebido a cura recuperando a saúde e traziam provas dessas curas, suspendendo ao túmulo do bem-aventurado ex-votos de cera em forma de olhos, mãos, pés ou outros membros, tão variados quanto tinham sido as doenças e as multiformes curas dadas a seus corpos, ou as respostas às suas angústias.

Não há dúvida de que ele, pelos milagres, mostrava na terra a vida que possuía no céu. Muitos, no entanto, achavam que não se deviam registrar os milagres, nem mesmo sob pretexto de piedade, a fim de não aparentar exploração interesseira. Também derrubavam e quebravam as imagens trazidas e, enquanto se empenhavam, em nome de uma mal-entendida santidade, em guardar a própria opinião, negligenciavam o proveito comum da Igreja e escondiam a glória de Deus. Havia alguns que pensavam diferente, mas nada faziam para se opor a esta situação, inibidos por uma espécie de espírito de pusilanimidade.

O resultado dessa atitude dos frades foi que a glória do bem-aventurado Domingos ficou adormecida por quase doze anos, sem nenhuma promoção de sua santidade. Aquele tesouro jazia escondido e sem utilidade e os benefícios d'Aquele que, do alto, é o doador das graças ficavam inutilizados. As leis da justiça exigiam que fossem privados dos favores celestes aqueles que pelejavam para ocultar a graça e a glória de Deus. A semente não se expandiria em frutos se, ao germinar, fosse calcada sob os pés. Muitas vezes brotava o poder taumatúrgico de Domingos, mas a incúria de seus filhos a sufocava. Aquele que é paciente e rico em misericórdia ficou esperando. Mas como não havia nem um coração, nem uma voz que se preocupasse da honra devida ao servo de Deus Domingos, o Senhor encontrou o modo para acordar os frades de sua negligência.

O número dos frades em Bolonha ia crescendo. Era preciso aumentar o convento e a igreja. Para dar espaço às novas construções, as antigas foram derrubadas e o túmulo do servo de Deus acabou ficando exposto às intempéries. Quem é que, tendo um mínimo de raciocínio, poderia achar conveniente que permanecesse escondido em tão humilde esquife aquele que foi espelho de pureza, vaso de castidade, sacrário de virgindade, instrumento do Espírito Santo. Aquele que, conforme ele mesmo tinha declarado na sua última confissão na presença de doze frades, jamais expulsou da morada de sua alma pela mancha da culpa mortal o Santo Espírito, doce hóspede da alma?

Por isso alguns dos frades, voltando ao bom senso, punham-se de acordo entre si para transferi-lo a um lugar mais decente. Porém não queriam fazê-lo sem uma licença do romano Pontífice. Foi o que realmente se verifica em muitos casos: que a virtude da humildade acaba merecendo a exaltação. De fato, os frades teriam tido pleno direito de sepultar seu pai sem prestar contas a ninguém. Mas procurando fazê-lo sob a autoridade superior, isto se tornou uma vantagem, porque de simples trasladação tornou-se uma transladação solene e canônica. (Libellus, 21-24)

9. Trasladação do corpo de frei Domingos e sua canonização

A intervenção de Papa Gregório IX, trasladação e milagre do perfume

(65) Nisto, porém, ainda houve certa negligência. Enquanto alguns se dirigiam ao sumo pontífice Papa Gregório, para lhe expor o problema desta situação, os frades ficaram muito tempo sem tomar providências sobre o sarcófago. O Papa, homem de fé e de grande zelo, censurou severamente aqueles que estavam se omitindo em prestar a honra devida a tão grande pai. E acrescentou: "Eu conheci esse fiel seguidor da Regra dos Apóstolos. Não há dúvida de que no céu foi-lhe concedida a glória dos Apóstolos". Então escreveu ao arcebispo de Ravenna pedindo que fosse assistir a essa transladação junto com os seus bispos sufragâneos, pois ele próprio não podia ir, retido que estava por múltiplos afazeres.

Assim é que Deus todo-poderoso, pela determinação do Papa, pastor da Igreja universal, quis pôr fim às névoas do descuido. Ele próprio abriu a sua mão e bradou do céu com o fragor dos milagres, para dar a entender de modo manifesto que toda a corte da celeste Jerusalém se regozijava de imensa alegria e se congratulava com a manifestação sobre a terra da glória de seu grande concidadão. (Libellus, 125-126)

O milagre do perfume no testemunho de alguns frades

(66) *Testemunho de Frei Jordão de Saxônia, Mestre da Ordem.* Chegou afinal o dia memorável da transladação desse grande doutor. Chegaram o venerável arcebispo de Ravenna e um grande número de bispos e prelados. Acorreu com devoção uma multidão incontável de povo, vindo de diversas regiões. A milícia armada da cidade de Bolonha vigiava para que aquele corpo santo que os protegia não fosse roubado. Os frades estavam ansiosos, empalideciam, rezavam com medo, apavorando-se sem razão.

Era o medo de que o corpo de Domingos, por ter ficado tanto tempo sujeito às intempéries, num lugar impróprio, como o de um morto qualquer, aparecesse devorado pelos vermes, exalando mau cheiro, e assim se apagasse a devoção para com tão grande homem. Sem saber o que fazer, restava-lhes um único recurso: confiar totalmente em

Deus. Eis que se aproximam os bispos com piedosa devoção. Eis que também outros se aproximam, armados de ferramentas. Foi tirada a pedra que tinha sido fixada com duro cimento sobre o sepulcro. Enterrado dentro estava o caixão de madeira, tal como o deixara ali o venerável Papa Gregório, então bispo de Óstia. Na tampa do caixão havia um pequeno furo. (Libellus, 127)

Assim que foi tirada a pedra, um perfume maravilhoso começou a exalar do túmulo e os presentes, atônitos pela sua fragrância, maravilhavam-se sem entender o que era aquilo. Mandaram abrir o caixão e pareceu que se abrisse um jarro de perfumes, um paraíso de aromas, um jardim de rosas, um canteiro de lírios e violetas. O perfume vencia a suavidade de todas as flores. Bolonha que, devido ao vai e vem das carruagens, costuma encher-se de mau cheiro, ao se abrir o sepulcro do glorioso Domingos, alegrava-se purificada por aquele perfume que superava a suavidade de todos os aromas.

Pasmam os presentes e prostram-se aterrados. O pranto inspirado por Deus se mistura com o júbilo. Sentindo a suave maravilha do perfume, nos corações de todos alternam-se o temor e a esperança, chocam-se num contraste de sentimentos. Eu também fui daqueles que sentiram a doçura daquele perfume e dou testemunho daquilo que vimos e sentimos. Jamais poderíamos saciar-nos de tão grande doçura, mesmo que ficássemos de propósito o maior tempo possível junto ao corpo de Domingos, o arauto da Palavra do Senhor. Aquela doçura tirava qualquer tristeza, inspirava a devoção, suscitava milagres. Tudo o que tocava aquele corpo, fosse a mão, o cinto, ou outra coisa qualquer, ficava impregnado daquele perfume por muito tempo.

O corpo foi levado para um túmulo de mármore e aí foi colocado com o seu próprio aroma. Aquele maravilhoso perfume que exalava do santo corpo mostrava a todos, com evidência, quanto ele era o "bom odor do Cristo". A Missa foi celebrada pelo arcebispo de Ravena. Era a terça-feira de Pentecostes e quando o coro entoou o introito: "Vinde tomar posse da alegria de vossa glória", parecia que os frades, na sua alegria, escutavam esse canto como se viesse do céu. Ressoam as cornetas, a multidão levanta um mar de velas, organizam-se belas procissões e por toda parte ecoa a aclamação: "Bendito seja Jesus Cristo!"

Estes fatos aconteceram na cidade de Bolonha no dia 24 de maio do ano do Senhor 1233, reinando gloriosamente o papa Gregório IX, e governando o Império Frederico II. (Libellus, 128-129))

(67) *Testemunho de frei Ventura de Verona, prior do convento.* Frei Ventura lembra que quando o corpo do bem-aventurado Domingos devia ser trasladado do lugar onde estava para onde se encontra agora, muitos nobres cidadãos, por ordem do Podestá de Bolonha, vigiaram o túmulo por muitos dias, por medo de que fosse roubado. Na noite em que os frades abriram o túmulo na presença do Podestá e demais autoridades, de muitos cidadãos de Bolonha, dos bispos, religiosos e leigos, o encontraram bem fechado e o cimento era tão duro e resistente que só com muito esforço conseguiram remover a pedra superior. Quando conseguiram levantar a pedra, do sepulcro emanou um perfume maravilhoso e suave, e ninguém sabia do que se tratasse. Sua fragrância superava qualquer tipo de aroma e não parecia ser coisa deste mundo.

No túmulo encontraram o esquife de madeira bem fechado e sigilado com chaves de ferro. Nele descansava o corpo do bem-aventurado frei Domingos. Quando abriram o esquife, o perfume ficou ainda mais intenso. Os ossos foram trasladados da antiga para uma nova caixa de madeira, que foi cuidadosamente fechada com uma chave. Esta foi entregue ao Podestá da cidade e ainda se encontra com ele.

Na manhã do dia seguinte chegaram o arcebispo de Ravenna e outros bispos. A caixa foi aberta mais uma vez e ainda emanou dela o mesmo perfume. O Arcebispo e os bispos colocaram os ossos no novo sepulcro. Este foi aberto mais uma vez oito dias depois estando presentes o prefeito de Bolonha com muitos cidadãos, Mestre Jordão, o prior provincial e muitos outros priores e frades da Ordem. Mestre Jordão pegou em suas mãos a cabeça do bem-aventurado Domingos e a ofereceu para beijar a mais de trezentos frades da Ordem dos Pregadores.

Todos puderam perceber aquele perfume misterioso que permaneceu nas mãos do Mestre Jordão, de frei Ventura e de todos os que tocaram algum dos seus ossos. Perguntado de como conhecia todos esses pormenores, frei Ventura respondeu de ter estado presente nestes acontecimentos e de ter percebido que o perfume emanava não somente dos ossos, das vestes, da caixa e da terra do sepulcro, mas também tinha ficado grudado em suas mãos e nas dos outros frades que tinham tido contato com estas coisas. Afirmou que também depois, muitas vezes percebeu aquele perfume misterioso. (Processo B., I,10)

(68) *Testemunho de frei Rodolfo de Faenza, procurador do convento.* Frei Rodolfo lembra de ter sido um daqueles que abriram o túmulo primitivo de frei Domingos, quando seu corpo foi transladado ao lugar onde está agora. Ele próprio quebrou com um martelo de ferro a pedra do sepulcro, que era muito dura, tendo sido feita com cimento forte e resistente, e levantou a pedra superior do túmulo com uma alavanca de ferro, sendo que o túmulo tinha sido construído com grandes pedras juntadas com cimento. Foi ele que tinha tomado todas essas medidas de precaução na hora do sepultamento, para impedir que alguém pudesse roubar o corpo.

Quando frei Rodolfo levantou com a alavanca de ferro a pedra e o sepulcro foi aberto, emanou dele um intenso perfume, muito suave e agradável, de qualidade desconhecida. Ele tem certeza de que nenhum outro perfume fosse igual a esse. Era tão intenso que ele nunca experimentou algo parecido, nem nas perfumarias, nem em qualquer outro lugar. Todos os presentes, o bispo e o prefeito de Bolonha com os numerosos nobres da cidade que tinham vigiado o sepulcro: todos afirmaram de ter percebido a mesma coisa. O sepulcro primitivo, os objetos que nele eram colocados, como também as vestes daqueles que tinham contato com essas coisas ficaram impregnados desse perfume também depois, por vários dias. Até hoje os ossos de frei Domingos continuam a emanar esse perfume. Tudo isso frei Rodolfo o sabe por que esteve presente e pôde ver os fatos com seus próprios olhos, e tocar com suas mãos. (Processo B., VI,34)

CAPÍTULO 3

VIRTUDES E MILAGRES DE SÃO DOMINGOS

1. Retrato humano e espiritual de frei Domingos

O semblante exterior de frei Domingos conforme irmã Cecília

(1) Frei Domingos tinha este semblante: era de estatura mediana, tinha um corpo bastante esbelto, um belo rosto com a pele um pouco rosada. Os cabelos e a barba eram ruivos, os olhos bonitos. De sua face e dos seus olhos irradiava como uma luz que a todos inspirava respeito e simpatia. Permanecia sempre sereno e risonho, a não ser quando estava aflito pelo sofrimento do próximo. Tinha as mãos alongadas e uma voz forte e harmoniosa. Não era careca, mas tinha toda inteira a coroa da tonsura, com alguns cabelos brancos. (Cecília, 15)

Retrato espiritual de frei Domingos

(2) O venerável Pai, Domingos, gozava de tal honestidade de costumes, era arrastado por um tal impulso de fervor divino em tudo, que ninguém que observasse diligentemente a sua vida poderia duvidar de que ele era um vaso de honra e de graça, um vaso ornado de pedras preciosas.

Havia nele uma firme igualdade de ânimo, a não ser quando se comovia pela compaixão e pela misericórdia. E porque um coração satisfeito faz brilhar o rosto, projetava no exterior a agradável serenidade do homem interior. E, como no seu rosto brilhava sempre o sorriso como testemunho da sua boa consciência, o brilho do seu semblante não caía por terra. Esta sua qualidade seduzia a todos de tal maneira que sem dificuldade conquistava o amor de todos e logo que o olhavam era rodeado de carinho.

Em tudo que decidisse fazer segundo Deus conservava tal constância de ânimo que nunca retificou uma palavra pronunciada com justa deliberação. Onde quer que se encontrasse, ou em viagem com os companheiros, ou em casa de alguém onde se hospedava, ou entre autoridades, príncipes ou prelados, brotavam sempre dos seus lábios, palavras edificantes, dava muito bom exemplo que convidava as pessoas ao amor de Cristo e ao desprendimento do mundo.

Nunca a sua conversa era vazia de virtude, pois as palavras daquele cujo coração estava suspenso no céu não se desprendiam dos seus lábios em vão. Em toda parte, se manifestava como um varão evangélico pela palavra e pela oração. De dia, ninguém era mais sociável que ele com os irmãos e companheiros, mas tendo em conta as exigências da honestidade; de noite, ninguém mais assíduo de todas as maneiras nas vigílias e nas orações.

O dia o consagrava-o ao próximo, e a noite a Deus, conhecedor de que de dia mandava o Senhor a sua misericórdia e, de noite, desejava o seu louvor. Na verdade, tinha feito dos seus olhos como que uma fonte de lágrimas, sendo estas o seu pão dia e noite: de dia, quando celebrava assídua e cotidianamente a missa; de noite, ao entregar-se mais do que ninguém a infatigáveis vigílias. Frequentemente quando na missa erguia o Corpo do Senhor, o seu espírito ficava tão absorto como se visse ali o próprio Cristo encarnado.

Tinha o costume de passar as noites nas igrejas de tal modo que não tinha, ou então raramente, cama para dormir. Cada noite se disciplinava três vezes com uma corrente de ferro: uma por si, outra pelos pecadores do mundo e outra pelos atormentados no Purgatório. Orava, pois, durante toda noite, perseverando acordado quanto aguentasse a fragilidade do corpo. E quando o cansaço lhe provocava o sono, descansava um pouco encostando a cabeça ao altar ou em qualquer outro lugar ou até sobre uma pedra, à semelhança do patriarca Jacó.

Era sua característica alegrar-se com os que se alegravam e chorar com os que choravam e o que impressionava mais as pessoas era a sua simplicidade, nunca dando sinais de fingimento ou de duplicidade, quer nas palavras quer nas ações. Era um verdadeiro enamorado da pobreza, usando sempre a indumentária mais vil; muito parco no comer evitando os alimentos mais saborosos e contentando-se com um simples prato, tendo sempre um total domínio do corpo. (Orvieto, 60-62)

Frei Domingos mostrava-se afável para com todos, ricos e pobres, judeus e gentios. Era amado por todos, exceto pelos hereges e inimigos da Igreja, que ele questionava, procurando convencê-los com suas pregações e disputas. Sempre os tratava com caridade, os exortava e os induzia a fazer penitência e a se converterem à verdadeira fé.

Era um autêntico apaixonado pela pobreza, se apresentando sempre vestido com roupa pobre. Era parco no comer, rejeitava todo deleite e se conformava com apenas um prato, demonstrando em todo momento um grande autodomínio. (Fontes OP várias)

2. Desapego, pobreza evangélica, humildade de frei Domingos

As rendas que lhe davam o necessário para o sustento

(3) O conde de Montfort, que lhe votava grande veneração, com o consentimento de seu conselho, doou para ele e para os colaboradores que o ajudavam no ministério da pregação um importante castelo chamado Casseneuil. Além disso, frei Domingos contava com a igreja de Fanjeaux e algumas outras. De todas elas podia conseguir o sustento para si e para os seus. Tudo o que podiam economizar daquilo que ganhavam davam às irmãs do mosteiro de Prouille. A Ordem dos Pregadores ainda não tinha sido fundada, mas já se pensava na sua fundação. Ele próprio já se empenhava, com todas as suas forças, no ofício da pregação. Naquela época ainda não se observava aquele ponto das Constituições, que será promulgado mais tarde, proibindo de receber propriedade e de conservar as que já tinham recebido. Desde a morte do bispo de Osma até o Concílio de Latrão se passaram quase dez anos. Em todo esse tempo Domingos permaneceu naquela região, quase sozinho. (Libellus, 37)

(4) O bispo de Toulouse, de feliz memória, chamado Fulco, que tinha grande afeição pelo homem de Deus frei Domingos, vendo a

piedade, como também a graça e o fervor com que se dedicava à pregação, exultando com o alvorecer dessa nova luz, conseguiu a aprovação unânime do seu Cabido para entregar a Domingos e a seus companheiros a sexta parte de todos os dízimos da sua diocese, a fim de que com esta renda pudessem ter o necessário para o próprio sustento e para os livros. (Libellus, 39)

Renúncia a todo tipo de propriedade

(5) Naquele tempo foram doados à Ordem dos Pregadores vários feudos e muitas propriedades na região de Toulouse e de Albi. Além de possuir esses bens, naquele tempo os seus colaboradores, quando viajavam, levavam consigo dinheiro, iam a cavalo e vestiam sobrepelizes. Frei Domingos, porém, fez o possível para que os frades se despojassem de tudo, entregando seus bens temporais e vivendo pobremente de esmolas, e para que não viajassem a cavalo e não levassem nada consigo nas viagens. Por esse motivo eles doaram as propriedades da França às monjas da Ordem Cisterciense e as demais propriedades a outras monjas. (Processo B., V,26)

O pão da Providência

(6) Frei Bonviso narrou que quando era procurador do convento de Bolonha e tinha a tarefa de prover o necessário para os frades, num dia de jejum faltou o pão no refeitório. Frei Domingos mandou que se repartisse o pão aos frades, como de costume, mas o procurador o informou que não havia mais pão. Então frei Domingos, com expressão alegre, levantou as mãos e louvou e bendisse ao Senhor. No mesmo instante entraram duas pessoas trazendo dois cestos, um de pão e outro de figos secos, e todos os frades foram saciados. Frei Bonviso disse que sabia desse fato porque na hora estava presente. (Processo B., IV,22)

(7) Quando faltava o pão, o vinho ou outros alimentos, o procurador do convento recorria a frei Domingos e lhe dizia: "Não temos pão e vinho". E ele respondia: "Vai e reza, porque o Senhor proverá". O procurador ia à igreja para rezar e muitas vezes frei Domingos ia com ele. Deus sempre fez com que tivessem alimento suficiente. Algumas vezes frei Domingos ordenava que fosse colocado na mesa o pão que tinha, por pouco que fosse, e o Senhor providenciava o que faltava. (Processo B., VI,31)

Estilo de vida pobre e despojada de frei Domingos

(8) Da forma como andava vestido durante o dia descansava durante a noite, tirando apenas os sapatos. Afirmou de ter visto isso muitas vezes. Quando frei Domingos viajava de um lugar para outro, tirava os sapatos e caminhava descalço, até chegar ao destino, e ali recolocava os sapatos. Ao sair do lugar, voltava a tirar os sapatos e os carregava ele mesmo, não aceitando que alguém o ajudasse. Se alguma vez tropeçava nas pedras, sofria com rosto alegre e não se perturbava. Como homem que se alegrava sempre nas tribulações, costumava dizer: "Isto serve de penitência". Amava muito a pobreza e procurava com grande empenho persuadir os frades para que eles também a amassem. Frei João de Espanha garante que frei Domingos teve sempre as roupas mais pobres, renunciou a todas as coisas temporais e em sua presença exortava com frequência os frades a viverem a pobreza. (Processo B., V,27)

Usava sempre a mesma túnica, tanto no verão como no inverno. Frei Frugerio de Penne sabe disso porque o viu vestindo um hábito de tecido grosseiro e o ouviu enquanto exortava os frades a abraçar e amar a pobreza. Se encontrava algum frade que usasse roupa digna de repreensão, quanto a riqueza ou forma, logo o corrigia e repreendia. Amou tanto a pobreza que não quis que os frades aceitassem propriedades, mas vivessem de esmolas. E isto o fez escrever na Regra dos frades. Queria que tivessem casas pobres e ambientes simples para estudar, e que em todas as coisas buscassem o que era mais simples e pobre. (Processo B., IX,47)

Recusa de aceitar uma doação de bens imóveis

(9) Quando frei Domingos chegou a Bolonha, o senhor Oderico Galliciani queria doar aos frades algumas de suas propriedades, que valiam mais de 500 libras bolonhesas. Já tinha sido feito o ato de doação na presença do bispo de Bolonha. Frei Domingos, porém, fez cancelar esse ato de doação e não quis que os frades aceitassem aquela e outras eventuais propriedades, e recomendou que vivessem somente de esmolas e com sobriedade. Quando tinham em casa o necessário, não queria que naquele dia recebessem outras coisas, nem continuassem a pedir esmola. Desejava que tivessem casas pobres e vestidos de tecido barato. Não queria também que na igreja usassem

tecidos de seda, mas que os paramentos fossem de fustão ou de algum tecido ordinário. (Processo B., VI,32)

(10) Era amante da pobreza. Muitas vezes o ouviu recomendar aos frades o amor desta virtude e os exortava a praticá-la. Se alguém oferecia propriedades a ele ou à comunidade dos frades, não queria recebê-las, nem permitia que os frades as recebessem. Queria que tivessem casas humildes e pequenas e ele mesmo usava um hábito pobre e roupa humilde. Frei Estevão de Espanha afirmou que muitas vezes o viu revestido com um escapulário curto e de tecido grosseiro e que não o cobria com a capa nem quando se encontrava na presença de pessoas importantes.

Tendo os frades do convento de São Nicolau de Bolonha celas muito pequenas e pobres, frei Rodolfo, que era procurador do convento, na ausência de frei Domingos começou a elevar as paredes de algumas delas. Quando frei Domingos voltou e viu as celas mais elevadas, começou a chorar e repreendeu frei Rodolfo e os demais frades, dizendo-lhes: "Quereis abandonar a pobreza tão depressa e levantar grandes palácios?" Mandou que interrompessem as obras e assim elas permaneceram inacabadas enquanto ele viveu.

Da mesma forma como amou a pobreza para si, a quis também para os outros frades. Mandou-lhes que usassem vestes pobres e que nunca levassem dinheiro nas viagens, mas que em qualquer parte onde se encontravam, vivessem de esmola. E isto mandou também escrever nas Constituições. Foi muito sóbrio na comida e na bebida. Muitas vezes viu que quando no refeitório os frades tinham dois pratos quentes ele se contentava com um. E na mesa, enquanto os demais frades comiam, frei Domingos quase sempre dormia, cansado pelas muitas vigílias. Comendo e bebendo tão pouco, na mesa acabava sendo vencido por um sono irresistível. (Processo B., VII,38)

(11) Quando frei Rodolfo, que era procurador da comunidade, fazia servir aos frades alguma comida especial, frei Domingos o chamava e lhe dizia em voz baixa: "Por que matas os frades dando-lhes estes manjares?". (Processo B., VI,31)

Frei Domingos vivia de esmola

(12) Também o viu pedir esmola de porta em porta e receber o pão como um pobre. Em Dugliolo, perto de Bolonha, quando pedia esmola, um homem lhe ofereceu um pão inteiro e ele o recebeu de

joelhos, com grande devoção e humildade. Queria e recomendava aos frades que vivessem de esmolas. (Processo B., VIII,42)

Castigo para um frade que levava dinheiro na viagem

(13) Um frade que tinha sido transferido para outro convento, enquanto estava em viagem encontrou frei Domingos que voltava de uma pregação. Depois de ter conversado com ele frei Domingos lhe perguntou se levava consigo dinheiro. De fato, por inspiração divina ele sabia que o frade não estava em ordem. Percebendo de ter sido descoberto, o frade confessou humildemente de ter dinheiro consigo. Frei Domingos lhe pediu de jogar fora o dinheiro e lhe deu um castigo salutar. (Vitae Fratrum, n.196).

Frei João de Navarra, enviado a Paris, quer dinheiro para viagem

(14) Quando nosso pai São Domingos destinou frei João de Navarra para Paris junto com o frei Lourenço, ele pediu um pouco de dinheiro para as despesas da viagem. O santo não o queria dar e o exortava a viajar como os discípulos de Jesus, sem levar nem ouro, nem prata. "Tenha confiança no Senhor, ele dizia, porque nada pode faltar a quem teme o Senhor". Mas frei João não cedeu e se rebelou abertamente à vontade de Domingos. Quando o pai santo e amoroso deparou com a desobediência do desgraçado, se jogou aos pés dele e chorou, e lhe doía o fato de esse pobre não conseguir chorar sobre si mesmo. Por fim, ordenou que lhe fossem entregues apenas doze denários para a viagem até Paris. (Salanhac, 155)

(15) Recusou o bispado de Conserans e não quis presidir aquela igreja, apesar de ter sido eleito pastor e prelado. Guilherme Peyronnet declara que nunca viu alguém tão humilde em todas as coisas, nem alguém que desprezasse como ele as vaidades e o fausto perecível do mundo. (Processo T.,18)

(16) No tempo em que foi celebrado o primeiro Capítulo dos Frades Pregadores em Bolonha, Domingos disse aos frades: "Eu mereço ser deposto, porque sou inútil e relaxado". E se humilhou assim de muitas maneiras. E como os frades não quisessem demiti-lo do cargo, frei Domingos propôs que se fossem nomeados alguns definidores que tivessem poder, tanto sobre ele, como sobre os outros e

sobre todo o Capítulo, para estabelecer, definir e ordenar, enquanto durasse o Capítulo. (Processo B., VI,33)

(17) Desprezava de tal modo o mundo e a sua glória que, caminhando como Pedro sobre o mar como sobre um piso enxuto, nunca ficou gravada nele qualquer pegada dos pés. Por isso, eleito para bispo de Conserans recusou-se em absoluto, respondendo que antes deixaria a terra do que consentiria de algum modo naquela eleição, sendo assim fiel imitador que, buscando-o a multidão para o aclamar rei, fugiu para o monte, demonstrando assim como desprezava o cargo que lhe era oferecido.

Perguntado um dia porque não vivia em Toulouse e na diocese de Toulouse preferindo viver em Carcassonne, frei Domingos respondeu: *Porque na diocese de Toulouse há muitos que me honram, enquanto na cidade de Carcassonne, todos me desprezam"*. (Orvieto, 62)

(18) Suportava com paciência e alegria as maldições e ofensas e as palavras injuriosas, como se fossem um presente ou uma grande recompensa. Nas perseguições nunca se perturbava, mas enfrentava muitas vezes o perigo com tranquilidade e coragem, não se deixando desviar do seu caminho por causa do medo. Quando o sono se tornava invencível, deitava ao lado da estrada e dormia. Tinha um baixo conceito de si mesmo e não atribuía a si nada de bom. (Processo T., 18)

3. A prática da penitência

(19) Enquanto viajava, dormia sobre palha, vestido e calçado como andava durante o dia. Frei Ventura lembra que às vezes só tirava os sapatos. Nas viagens frei Domingos guardava jejum contínuo desde a festa da Exaltação da Santa Cruz até a festa da Páscoa. Observava todos os jejuns mandados pela Igreja também durante o verão e em todas as sextas-feiras. Comia sem reclamar o que lhe davam para comer nas viagens, exceto carnes e outros alimentos que percebia ter sido condimentados com carne ou gorduras. E se a comida e a bebida não eram boas, parecia alegrar-se com isso. (Processo B., I,4)

(20) Ainda que muitas vezes fosse tratado mal na comida e na bebida, recebesse hospedagem ruim e descansasse mal, nunca o ouviram queixar-se dessas coisas, nem quando enfermo nem quando com saúde. (Processo B., II,13)

(21) Frei Bonviso relatou que uma vez, caminhando com frei Domingos naquela mesma viagem a Roma, foram surpreendidos de im-

proviso por um forte aguaceiro e as torrentes e rios iam se enchendo de água. Naquela situação frei Domingos, sempre alegre nas tribulações, louvava a Deus cantando em voz alta o hino '*Ave Maris Stella*' e depois todo o '*Veni Creator Spiritus*'. Quando encontravam rios e torrentes que a chuva tinha enchido de água, frei Domingos fazia o sinal da cruz sobre a água e em nome do Senhor ordenava a frei Bonviso, que estava com muito medo, de entrar na água. Este, confiando no sinal da cruz e na obediência, apesar do medo, entrava na água e sempre correu tudo bem.

Disse também que muitas vezes, assistindo à celebração da Missa dele, observava o seu rosto e via que as lágrimas corriam em tanta quantidade, que uma gota não esperava a outra. Isto lhe sucedia também quando rezava os Salmos.

Quando estavam em Milão, frei Bonviso teve a oportunidade de dar assistência a frei Domingos durante uma doença. Viu que, apesar de enfermo e ardendo em febre, não se queixava da enfermidade, mas continuava absorvido em oração e contemplação. Ele sabe disso porque via o seu rosto fazer sinais que ele costumava fazer também quando, estando sadio, ficavam em oração e contemplação. Quando a febre baixava, ele falava de Deus com os frades, ou lia algum livro ou pedia que o lessem, exaltava a Deus e se alegrava com a enfermidade, conforme o costume que tinha de alegrar-se nas adversidades mais do que na prosperidade. (Processo B., IV,21-22)

(22) Sempre levava uma corrente de ferro cingida à carne sobre os rins, e assim a levou até a morte. Perguntado de como ele sabia disso frei Rodolfo respondeu que depois da sua morte o encontrou ainda cingido com esta corrente. Ele a pegou para si, mas depois a entregou ao Mestre da Ordem, quer dizer a Mestre Jordão. (Processo, B., VI,31)

(23) Guilhermina, esposa de Elias Martinho, relatou, sob juramento, de ter tecido o pano do cilício que frei Domingos costumava usar. Ela está também convencida de que frei Domingos permaneceu virgem. Tendo-o tido como hóspede à mesa por mais de duzentas vezes nunca o viu comer numa refeição mais de um quarto de peixe ou mais de dois ovos, nem beber mais de um copo de vinho misturado com água. Nem o viu comer mais de um pedaço de pão. Com muita frequência era tomado por fortes dores e então os que estavam presentes o deitavam numa cama, mas ele logo se deitava no chão porque não estava acostumado a descansar sobre a cama.

Beceda, monja de Santa Cruz, declarou de ter provas para afirmar que os depoimentos precedentes são verdadeiros e que Domingos conservou-se virgem. Ela mesma fez cilícios para ele e para o senhor Fulco, bispo de Toulouse, usando pelos da cauda de boi. Ela teve longa familiaridade com Domingos e nunca o ouviu pronunciar uma palavra ociosa. Muitas vezes preparou a cama para ele, mas ele não a usava, de tal maneira que de manhã a encontrava tal como a tinha preparada. Ele fazia assim também quando estava doente. Muitas vezes o encontrava deitado no chão, sem cobertor. Ela então o cobria, mas quando voltava o encontrava em oração, de pé ou ajoelhado. Ela teve sempre grandes cuidados para com ele. Relata também que quando tomava as refeições na casa onde ela morava – e o fez mais de duzentas vezes – comia no máximo dois ovos, apesar de ela lhe preparar muitos outros alimentos. (Processo T.,17)

(24) Frei Estevão afirmou que Domingos não comeu nem bebeu durante toda uma Quaresma, alimentando-se somente com pão e água, e que não se deitou numa cama para dormir. Ao chegar à Páscoa ele se encontrava mais forte e parecia mais belo e mais gordo. (Orvieto, 56)

4. A virtude da castidade

(25) Frei Ventura relatou que durante a última doença dele, da qual depois morreu, recebeu sua confissão geral na presença de vários sacerdotes e de outras pessoas. Na base do que ouviu nesta confissão, a testemunha está certa de que ele nunca pecou mortalmente, e conservou sempre intacta a sua virgindade. Depois, porém, falando a só com a testemunha, frei Domingos disse: "Irmão, eu pequei porque falei publicamente sobre minha virgindade frente aos meus frades: não devia fazer isso". (Processo B., I,5)

(26) Frei Guilherme de Monferrato declara ter certeza de que frei Domingos sempre se conservou virgem. Está certo disso pelo bom comportamento que sempre viu nele, como também por ter escutado esta opinião de pessoas que tiveram longa familiaridade com ele. Interrogado sobre o nome dessas pessoas, respondeu de ter escutado que também o bispo de Osma, do qual frei Domingos tinha sido cônego, tinha esta convicção. E escutou o mesmo de outros cônegos com os quais ele (Domingos) viveu quando era sacerdote secular. O mesmo escutou também de várias outras pessoas, de que agora não lembra o nome. (Processo B., II,14)

Como frei Domingos venceu a solicitação de uma mulher

(27) Certamente com a cumplicidade de alguns dos seus rivais, foi um dia planejado que, simulando querer se confessar, o procurasse uma mulher despudorada e vadia, verdadeiro instrumento do demônio, veneno da castidade, fornalha de vícios. Ela assim lhe falou: "Estou morrendo de aflição. O amor me abrasa e incendeia, mas infelizmente aquele a quem amo não sabe disso, e mesmo se soubesse, talvez não me corresponderia. Seu amor se fincou profundamente em meu coração. Dê-me um conselho, receite-me um remédio, senão eu morro. Só o senhor é quem pode". Aquela meretriz tudo fazia para arrastar o inocente, com palavras refinadamente venenosas.

Como a sua insistência não pudesse ser quebrada pelos salutares conselhos de frei Domingos, ele quis saber a pessoa e a causa do perigo. Ela então revelou que era ele mesmo que a incendiava. Aí ele lhe disse: "Retire-se agora e volte depois. Prepararei um lugar onde nós possamos encontrar-nos sem inconvenientes". Entrando no quarto, ele acendeu duas fogueiras, uma perto da outra. E quando chegou a tal meretriz, ele se deitou no meio e convidou-a para que se aproximasse. "Eis, disse, um bom lugar para tal façanha. Se quiser, venha para nos unirmos". A mulher, vendo aquele homem corajoso se precipitar no meio das chamas, ficou apavorada e arrependida e se afastou aos gritos. Ele, no entanto, se levantou ileso, sem que o fogo, nem do incêndio material nem do desejo sensual o atingisse. (Libellus, 50)

(28) Antes de morrer, frei Domingos recomendou aos frades de evitar familiaridades suspeitas com mulheres, sobretudo jovens, pois elas são por demais sedutoras e conseguem enlaçar as almas ainda não firmes na pureza, e disse: "Vede, até este momento a divina misericórdia preservou incorrupta a minha carne. No entanto eu confesso que me escapou esta imperfeição: mais me tocavam o coração as conversas com as jovens do que com as mulheres idosas". (Libellus, 92)

5. A caridade fraterna de frei Domingos

(29) Era alegre e festivo, paciente, misericordioso, benigno, consolador dos frades. Se percebia que algum frade tivesse faltado em algo, fazia como não o tivesse visto, mas depois, com rosto alegre e palavras brandas, lhe dizia: "Irmão, tu fizeste mal, confessa...". E com suaves palavras induzia a todos a se penitenciar. Castigava se-

veramente as faltas, mas o fazia com palavras tão humildes e mansas que todos se separavam dele consolados. (Processo B., VI,32)

(30) Nas viagens frei Domingos jejuava, mas dispensava disso os que o acompanhavam, alegando a fadiga da viagem. (Processo B., VIII,42)

(31) Quando, depois da fadiga das viagens, precisava hospedar-se em alguma casa secular, antes de entrar nela, saciava a sua sede em algum córrego ou fonte próxima, temendo que o cansaço e a sede o levassem a beber com excesso na casa, chamando assim a atenção. E disso ele se guardava muito, e não só nisto, mas em tudo o que fazia. (Vitae Fratrum, n.80)

6. Observância regular e obediência

(32) Quando o bem-aventurado frei Domingos estava em algum convento e aí devia permanecer por algum tempo, adaptava-se aos costumes do convento quanto à comida e à mesa. Cumpria íntegra e exatamente a Regra e, enquanto podia, se esforçava para que seus frades a observassem. Observava fielmente a Regra e costumava castigar com severidade as faltas dos frades, mas o fazia com tanta doçura e amabilidade que eles aceitavam as correções com prazer. Era assíduo no Ofício e assistia sempre ao coro. (Processo B., I,5-6)

(33) Frei Guilherme de Monferrato relatou que frei Domingos guardava rigorosamente a Regra e as Constituições dos frades Pregadores. Concedia facilmente dispensa aos frades, mas a si mesmo nunca se dispensava de algo. Saudável ou doente que fosse, guardava todos os jejuns estabelecidos pela Regra. Quando viajaram juntos para Roma, o viu sofrer de uma grave infecção intestinal. Nem por isso quebrou o jejum, nem comeu carnes, nem procurou outra comida. Contentou-se com um pouco de fruta e nabos. Frei Guilherme sabe bem disso porque comia sempre com ele. Esta atitude ele a manteve todas as vezes que ficou doente. (Processo B., II,12)

7. Vida de oração de frei Domingos

Vida de oração nas viagens

(34) Nas viagens, se encontravam uma igreja, quase todos os dias celebrava a Missa. Frei Ventura pôde ver pessoalmente que enquanto a

celebrava, o fazia derramando muitas lágrimas. Ao chegar a uma pousada, se havia igreja sempre ia rezar nela. Quase sempre, estando fora do convento, quando ouvia o toque do sino anunciando as Matinas nos mosteiros, levantava-se, despertava os frades e celebrava com grande devoção todo o Ofício Divino, diurno e noturno, conforme prescrito, sem se dispensar de nada. Quando ia pelos caminhos guardava sempre o silêncio depois das Completas e exigia que seus companheiros também o guardassem, como se estivessem no convento. Enquanto caminhava de manhã, exigia que os frades observassem o silêncio todos os dias até a hora da celebração de Terça. (Processo B., I,2)

(35) Otão declarou que quando Domingos viajava com outros frades através da floresta, ficava atrás e quando eles iam buscá-lo, o encontravam muitas vezes ajoelhado, sem se preocupar com o perigo de lobos famintos que atacavam as pessoas. (Processo T., 10)

Suas vigílias noturnas nas igrejas

(36) Com muita frequência costumava passar as noites em oração e, de portas fechadas, orava ao Senhor. Durante esse tempo, enquanto rezava, costumava dar vazão, com soluços e gemidos, aos sentimentos de seu coração, sem poder reprimir esse desabafo que se ouvia distintamente também de longe. O seu constante e especial pedido a Deus era que lhe concedesse uma caridade verdadeira e eficaz, para zelar e trabalhar pela salvação dos homens, achando que só seria realmente membro do Cristo quando gastasse todas as forças em ganhar almas, assim como o Salvador se entregou totalmente para nossa salvação. (Libellus, 13)

(37) Com muita frequência costumava pernoitar nas igrejas, tanto que nunca ou raramente parecia ter tido um leito para repousar. Rezava assim durante a noite e perseverava vigiando, na medida em que conseguia aguentar a fraqueza do corpo. E quando, afinal, acumulando-se o cansaço e afrouxando o espírito, a necessidade de sono gritava mais alto, encostando a cabeça no altar ou em outro lugar qualquer, ou sobre uma pedra, como o patriarca Jacó, descansava um pouquinho e logo recuperava a força do espírito e o fervor da oração. (Libellus, 106)

(38) Frei Ventura de Verona não lembra que frei Domingos tivesse um lugar próprio para descansar, a não ser quando estava enfermo. Se tivesse, ele, que era prior do convento, teria tido co-

nhecimento disso. Durante a maior parte da noite permanecia em oração e com frequência passava a noite toda rezando e derramando copiosas lágrimas. Interrogado sobre como soubesse estas coisas, frei Ventura afirmou de tê-lo visto muitas vezes enquanto rezava e chorava na igreja, e às vezes o encontrou dormindo. Por causa das muitas vigílias noturnas, dormia frequentemente à mesa, no refeitório. (Processo B., I,6)

Quando os frades saíam da igreja depois das Completas para ir descansar, frei Domingos costumava se recolher na igreja para orar. Frei Bonviso lembra que ficou curioso de saber o que frei Domingos fazia na igreja. Por isso várias vezes ficou observando-o às escondidas e o ouvia rezar ao Senhor em alta voz, entre lágrimas e fortes gemidos. Foi interrogado sobre como podia saber que era mesmo o bem-aventurado Domingos. Frei Bonviso respondeu que na igreja tinha uma lâmpada acesa e então o podia ver, e também o reconhecia pela voz, e por isso tinha certeza de que era ele. Afirmou de saber que muitas vezes passava a noite em oração, e isto era voz comum entre os frades. Tendo procurado por isso, não conseguiu saber qual fosse o lugar dele para dormir, como o tinham os outros frades. Algumas vezes o encontravam dormindo num banco, outras no chão e outras sobre cordas de assento ou em um catre. À noite dormia vestido, como andava durante o dia. (Processo B., IV,20)

(39) Frei Rodolfo relatou que frei Domingos tinha o costume de passar a noite na igreja e que rezava muito e na oração chorava com muitas lágrimas e gemidos. Interrogado sobre como sabia disso respondeu que muitas vezes o acompanhou na igreja e assim podia vê-lo enquanto rezava daquele jeito e chorava. Muitas vezes o viu também rezando de pé, ficando nas pontas dos pés e com as mãos levantadas em atitude orante. (Processo B., VI,31)

(40) Uma vez, depois de uma longa caminhada, o bem-aventurado Domingos, junto com a frei Paulo de Veneza e outro companheiro, chegou a Porto Legnago e foram acolhidos na casa do pároco. Frei Domingos fez preparar um lugar para que seus companheiros pudessem dormir, mas ele entrou na igreja e passou a noite rezando até as Matinas, que rezou junto com os clérigos da igreja e com seus companheiros de viagem. (Processo B., VIII,42)

Frei Domingos reza levantado do chão

(41) Um dia frei Domingos, depois da celebração da Missa, conforme o seu costume estava rezando na igreja, frente do altar. O dia já era avançado e a mesa estava preparada para o almoço. O prior enviou um de seus frades a chamar frei Domingos para comer. Entrado na Igreja ele viu que frei Domingos estava levantado da terra de mais de vinte centímetros. Todo emocionado e tremendo ele foi avisar do fato o prior. Este demorou um pouco e depois foi ver. Frei Domingos estava levitando a quase cinquenta centímetros do chão. Ele esperou até que, voltando da moradia celeste à condição corporal, frei Domingos ficou deitado no chão. (Salanhac, 9)

8. O estudo na vida de frei Domingos

Leitura das Conferências de Cassiano

(42) Costumava ler um livro intitulado *As conferências dos Padres do deserto*, que trata dos vícios e de muitos assuntos relativos à perfeição espiritual, e procurava descobrir nele os caminhos da salvação, tudo fazendo por segui-los com todo o vigor do espírito. Este livro, com a ajuda de Deus, levou-o a conquistar uma rara pureza de consciência, uma grande luz de contemplação e um grande nível de perfeição. (Libellus, 13)

As sete estrelas e as aulas do Sagrada Escritura em Toulouse

(43) Em Toulouse, um mestre em Teologia, enquanto preparava suas aulas um dia bem de manhã, sentiu sono, apoiou a cabeça sobre a mesa e dormiu. Ali mesmo e naquela hora teve uma visão na qual contemplava sete estrelas. Primeiro se admirou por tal novidade, logo viu como estas estrelas iluminavam o mundo inteiro. Acordou de repente, pediu que lhe levassem os livros à sala aulas, e começou a lição. Eis que frei Domingos, acompanhado por seis companheiros, todos vestidos da mesma maneira, se apresentou diante do mestre, rogando-lhe que os admitisse na aula, pois queriam aprender, já que deviam pregar o Evangelho em Toulouse. Durante muito tempo o mestre teve como discípulos os sete frades. Lembrando a visão que havia tido, entendeu que frei Domingos e seus seis companheiros eram aquelas estrelas brilhantes, e agora via

como brilhavam intensamente. Encheu-se de uma grande veneração por eles e a, partir de então, lhes professou uma grande estima. (Humberto, 40)

Recomendações aos frades para que se dedicassem ao estudo

(44) Com frequência frei Domingos exortava e animava com palavras e por escrito os frades de sua Ordem para que estudassem o Novo e o Antigo Testamento. Frei João de Espanha sabe disso porque o ouviu pessoalmente fazendo estas recomendações e leu suas cartas. Sempre levava consigo o Evangelho de Mateus e as Cartas de Paulo e estudava muito nelas, de tal modo que quase as sabia de cor. (Processo B., V,29)

Divisão das tarefas no convento, para garantir o estudo e a pregação dos frades

(45) Para que os frades pudessem se dedicar de forma integral ao estudo e à pregação, frei Domingos queria que os irmãos conversos de sua Ordem, apesar de iletrados, assumissem a administração dos bens temporais. Os frades clérigos, porém, não quiseram permitir que os conversos tivessem a administração dos bens, tendo medo de que acontecesse o que aconteceu aos frades da Ordem de Grandmont com seus conversos. (Processo B., V,26)

O estudo no livro da caridade

(46) Certo estudante que o ouvia pregar muito de forma tão incomparável, falando das Sagradas Escrituras de maneira tão agradável, perguntou-lhe em que livros tinha estudado. Respondeu-lhe frei Domingos: "Filho, estudo, mais do que em qualquer outro, no livro da caridade, porque este ensina tudo". (Vitae Fratrum, n.82)

9. Maria, protetora da Ordem dos Pregadores

Nossa Senhora revela a frei Domingos seu amor e proteção para a Ordem

(47) Uma noite frei Domingos, depois de ter ficado em oração na igreja até meia noite, saiu e entrou no dormitório. Depois de ter feito aquilo que precisava fazer, recomeçou a rezar na parte final do pró-

prio dormitório. Enquanto rezava, ficou olhando na parte oposta do dormitório e viu que estavam chegando três mulheres muito bonitas. Aquela que estava no centro parecia uma senhora venerável e era a mais bonita e a mais digna das três. Uma das outras duas trazia consigo um vaso muito brilhante e bonito. A outra um aspersório que entregava à senhora do meio. Ela aspergia os frades, traçando sobre eles o sinal da cruz. Assim, abençoando com a cruz e aspergindo os frades, deu a volta no dormitório, mas deixou de abençoar e aspergir um deles. Frei Domingos, que acompanhava o fato com muita atenção, notou quem era aquele frade. Depois, levantando-se da oração, foi ao encontro das senhoras até a lâmpada que estava pendurada no meio do dormitório e, ajoelhado, apesar de tê-la reconhecida, a suplicou de revelar-lhe quem ela era.

Naquela época, no convento dos frades e das monjas em Roma ainda não se cantava aquela bela e devota antífona que começa com as palavras 'Salve Regina', mas somente se recitava ficando de joelhos. Respondendo a frei Domingos, aquela senhora disse: "Eu sou aquela que vocês invocam todas as noites. E quando vocês dizem: ´*Eia ergo advocata nostra*´ eu me coloco de joelhos frente a meu Filho, pedindo a conservação desta Ordem".

Então frei Domingos perguntou quem eram aquelas mulheres que estavam com ela. A Beata Virgem respondeu: "Uma é Cecília e a outra, Catarina". A seguir, frei Domingos pediu explicações sobre aquele frade que ela não tinha abençoado e aspergido como os outros. Ela respondeu que o tinha feito porque ele não estava deitado decorosamente. Depois disso, uma vez terminada a volta para benzer e aspergir os frades que ainda sobravam, elas desapareceram.

Frei Domingos então voltou a rezar no lugar de antes e, de improviso, foi levado em espírito frente de Deus e viu o Senhor e a Beata Virgem sentada à sua direita, revestida de um manto de cor zafira. Olhando ao redor, viu à frente de Deus membros de todas as Ordens religiosas, mas não reconheceu ninguém dos seus. Por isso começou a chorar amargamente e, ficando longe, não ousava se aproximar do Senhor e sua Mãe. Maria fez-lhe sinal de se aproximar. Mas ele não ousou se mexer até que também o Senhor não lhe desse o sinal. Aproximou-se então chorando e se ajoelhou frente deles.

O Senhor o convidou para se levantar e perguntou-lhe por que estava chorando tanto. Ele respondeu: "Estou chorando porque aqui vejo os frades de todas as Ordens religiosas, mas da minha Ordem não vejo ninguém". Então o Senhor lhe perguntou: "Você quer ver a sua Ordem?" Ele respondeu: "Sim Senhor". Então o Senhor, pondo a mão no ombro da Beata Virgem, disse a frei Domingos: "Eu confiei sua Ordem a minha mãe. Você quer mesmo ver?" Frei Domingos exclamou: "Com certeza, Senhor!" A Beata Virgem abriu o manto de que era revestida e o estendeu na frente de frei Domingos, o qual pareceu-lhe tão amplo que recobria toda a pátria celeste, e sobre ele viu uma multidão imensa dos seus frades. Ajoelhado, frei Domingos agradeceu a Deus e a Beata Maria sua mãe. E a visão desapareceu.

Quando voltou a si, frei Domingos correu para tocar o sino de Matinas e, quando terminaram a reza, convocou os frades no capítulo e fez para eles uma grande e bela pregação, exortando-os ao amor e a devoção para com a Beata Virgem Maria. Entre outras coisas, ele relatou também esta visão.

Depois do Capítulo, frei Domingos chamou o frade que Nossa Senhora tinha deixado de benzer e começou a interrogá-lo com doçura, para ver se por acaso não lhe tivesse calado um pecado. De fato, o frade tinha feito sua confissão geral a frei Domingos. Ele respondeu: "Pai santo, eu não encontro nada na minha consciência, a não ser isso: acordando esta noite me encontrei sem a túnica, totalmente despido".

Esta visão a relatou o próprio frei Domingos à irmã Cecília e às demais monjas de São Sixto, mas como se tivesse acontecido a alguém outro. Os frades presentes, porém, que já tinham escutado sobre este fato, faziam sinais às monjas para indicar que se tratava dele próprio. Foi depois desta visão que frei Domingos mandou que todos os frades dormissem sempre revestidos, com o cinto e as meias. (Cecília, 7)

10. Frei Domingos e os anjos

Um anjo abriu a porta do convento para que frei Domingos e os companheiros pudessem entrar

(48) Depois de ter feito visita às monjas de São Sixto no final do dia frei Domingos disse: "O Senhor quer que eu vá a Santa Sabina". Frei Tancredi, prior dos frades, frei Odão, prior das monjas e todos os demais frades, a priora e todas as monjas tentaram impedir isso dizendo-lhe: "Pai santo já e tarde, perto da meia-noite. Não é bom que você vá embo-

ra". Mas ele não quis escutar suas exortações. "O Senhor quer absolutamente que eu vá. Ele enviará seu anjo para nos acompanhar."

Todos os esforços deles foram vãos. Quando chegaram perto da porta da igreja para sair, conforme frei Domingos tinha anunciado, eles viram um belíssimo jovem que esperava de pé perto da porta, tendo na mão um cajado, como se estivesse pronto para viajar. Frei Domingos colocou os frades entre ele e o jovem, caminhando por trás do grupo. Quando chegaram à porta da igreja de Santa Sabina a encontraram fechada com cadeado.

O jovem que os tinha acompanhado se colocou ao lado da porta, que logo se abriu. Ele entrou primeiro, depois os frades, e por fim frei Domingos. Quando todos tinham entrado, aquele jovem saiu e logo a porta se fechou da mesma maneira como a tinham encontrada. Frei Tancredi perguntou a frei Domingos: "Pai santo, quem era aquele jovem que nos acompanhou?" Frei Domingos respondeu: "Meus filhos, ele era um anjo do Senhor, que Deus enviou para nos proteger".

Quando tocou para as Matinas, os frades desceram no coro e, vendo que junto com os demais estava também frei Domingos e seus companheiros, não conseguiam entender como eles tinham conseguido entrar de portas fechadas, e ficaram muito admirados. (Cecilia, 6)

Os anjos que vieram velar os frades

(49) Um jurista da cidade de Bolonha foi admitido à Ordem e, querendo os seus amigos tirá-lo à força do convento, os frades ficaram apavorados e determinaram que viessem alguns soldados para guardar o convento. Ouvindo isto, o bem-aventurado Domingos disse: "Não temos necessidade de soldados, pois eu vi mais de duzentos anjos rondando a igreja: eles foram enviados para proteger os frades". Os amigos do frade, amedrontados e confundidos pela vontade divina, foram embora e o noviço perseverou na Ordem com grande fervor. (Vitae Fratrum, n.95)

11. Frei Domingos e o demônio

O demônio que lhe fez quebrar o silêncio da noite

(50) Estando um dia frei Domingos em oração enquanto os religiosos dormiam, o diabo, vestido de frade, se pôs em atitude orante diante

de um altar. E, admirado o santo que estivesse um frade na igreja, depois do sinal dado para se retirarem, fez-lhe sinais com a mão para que fosse dormir. E o frade, fazendo uma inclinação de cabeça, se retirou. Terminadas as Matinas, advertiu os frades que, depois do último sinal, ninguém permanecesse na igreja. Mas aquele falso frade voltou a ficar por uma segunda e terceira vez. Na terceira vez em que permanecera na igreja fingindo rezar, aproximou-se dele frei Domingos e o repreendeu duramente, dizendo: "Até onde chega a desobediência! Já disse várias vezes que ninguém fique na igreja e já te surpreendi três vezes". E o diabo, soltando uma sonora gargalhada, disse: "Agora obriguei-te a quebrar o silêncio". Conhecendo então a sua perversa astúcia, respondeu-lhe resolutamente: "Não te alegres, miserável, do que nada te aproveita, porque eu, como Mestre da Ordem, estou acima do silêncio e posso falar quando me parece oportuno". O demônio, sem nada responder, foi embora cheio de confusão. (Vitae Fratrum, n.100)

O frade a quem o Santo livrou do demônio da gula

(51) Um frade doente do convento de Bolonha comia muitas vezes, e sem licença, a carne que sobrava dos outros doentes. Mas, uma tarde em que fazia isto, sentiu-se possuído pelo demônio e começou a gritar com força, de maneira horrível. Acorreram os frades, veio também frei Domingos e, compadecendo-se do frade que estava espantosamente atormentado, perguntou ao demônio por que tinha entrado no corpo do frade. Entrei nele, disse o diabo, porque o mereceu, pois comia ocultamente e sem licença a carne dos doentes, faltando às normas das vossas Constituições. Então frei Domingos retorquiu: "Eu, pela autoridade de Deus, absolvo-o do pecado que cometeu e a ti, demônio, mando-te, em nome do Senhor Jesus Cristo, que saias do seu corpo e não o atormentes mais". E ficou imediatamente livre. (Vitae Fratrum, n.103)

O diabo que lançou uma pedra contra frei Domingos, sem o distrair da oração

(52) Estando certa noite frei Domingos prostrado em oração, o diabo invejoso atirou contra ele, do teto da igreja, uma grande pedra, com tanta força que o ruído ecoou em toda a igreja, crendo o demônio que desse modo o distrairia do fervor de sua oração. A pedra caiu tão

perto que roçou o capuz da sua capa. Mas, como frei Domingos permanecia imóvel rezando, o diabo soltando um terrível ruído, fugiu confundido. (Vitae Fratrum, n.99)

Um irmão cooperador possuído pelo demônio

(53) Encontrando-se frei Domingos em oração, e tendo ido os frades a descansar, um irmão cooperador começou a ser molestado pelo diabo. Frei Raimundo alertou frei Domingos. Este mandou levá-lo diante do altar de Virgem Maria. Como a duras penas pudesse ser transportado por dez frades, disse-lhe o santo: "Conjuro-te que me diga por que atormentas esta criatura de Deus". Respondeu-lhe: "Atormento-o porque o merece; ontem bebeu na cidade sem permissão, e sem fazer o sinal da cruz. Daí que então entrei nele, na forma de mosquito do vinho; ou melhor, ele mesmo o bebeu com o vinho. Soube então com certeza que o havia bebido". Dado o primeiro sinal para as Matinas, disse o diabo: "Não posso permanecer por mais tempo aqui: os encapuzados estão se levantando". E foi obrigado a sair, pela força da oração de frei Domingos. (Cerrato, 34)

A admirável libertação de um homem possuído por muitos demônios

(54) Aconteceu certo dia, que estando frei Domingos numa igreja, apresentaram-lhe um homem possuído por vários demônios. Tomando a estola, ele a colocou primeiro no pescoço e depois cingiu com ela o corpo do homem, ordenando aos demônios que não o afligissem mais. Eles, porém, começaram a retorcer-se de ira no corpo do possesso, gritando: "Deixa-nos sair. Por que nos obrigas a ser atormentados aqui?" Ele respondeu: "Não vos soltarei enquanto não me prometerem que no futuro nunca mais voltarão aqui". Disseram-lhe eles: "O que podemos nós dar-te como garantia?" E ele respondeu: "Os santos mártires cujos corpos repousam nesta igreja". Responderam: "Não podemos, pois eles contradizem os nossos méritos". Frei Domingos respondeu: "Convém que assim o façais, do contrário não vos deixarei livres deste tormento". Eles então responderam que assim o fariam quando lhes fosse possível e passados alguns momentos, disseram: "Já conseguimos, embora imerecida-

mente, que os santos mártires sejam fiadores da nossa palavra". Ele lhe perguntou: "Que sinal me dais para que eu possa crer que isso é verdade?" Eles responderam: "Ide à caixa onde estão encerradas as cabeças dos mártires e as encontrareis voltadas ao contrário". Coisa admirável, sinal dum prodígio divino! Averiguaram isto e encontraram tudo como os demônios tinham dito. (Orvieto, 45)

O diabo se apresenta a frei Domingos sob a aparência de um frade que passeia pelo convento

(55) Numa ocasião em que o homem de Deus frei Domingos, estando em Bolonha, passava a noite na igreja, apareceu-lhe o diabo sob as aparências de um frade. Frei Domingos, tomando-o por tal, fazia-lhe sinais para que fosse embora com os demais, a descansar. Ele, entretanto, ria e respondia imitando os gestos de frei Domingos. Então frei Domingos, intrigado e curioso de saber quem podia ser aquele frade que desprezava assim a sua ordem, quis identificá-lo, e acendeu uma vela na lâmpada. Olhando-lhe o rosto reconheceu que era o diabo.

Como o repreendesse com veemência, o diabo começou imediatamente a caçoar dele por haver transgredido o silêncio. Mas frei Domingos respondeu-lhe que a ele, enquanto Mestre da Ordem, era permitido falar em todo lugar. E obrigou-o a que lhe contasse em que coisas ele tentava os frades no coro. O demônio lhe respondeu: "Faço-os chegar atrasados, e sair antes de ter completado o Ofício". Conduziu-o então ao dormitório, perguntando-lhe em que os tentava ali. Responde-lhe: "Faço-os dormir em excesso e levantar-se tarde, e também ficarem na cama durante o Ofício divino, tendo, enquanto isso, pensamentos desonestos". Depois o levou ao refeitório e lhe perguntou em que tentava ali os frades. Então o demônio começou a pular por cima das mesas. Quando frei Domingos perguntou-lhe que queria significar com isso, respondeu: "Faço com que alguns frades comam mais do necessário, e faltem assim, por tomar alimento em excesso, e outros comam menos do necessário e assim fiquem debilitados para o serviço de Deus e as regulares observâncias da Ordem".

A seguir o conduziu no parlatório, perguntando-lhe de que tentava os frades naquele lugar. Ele, remexendo repentinamente sua língua, produzia um som confuso que despertava curiosidade. Quando frei Domingos o interrogou sobre o que queria dizer com isso, respondeu: "Este lugar é todo meu pois, quando se reúnem os frades para falar, trabalho com empenho para tentá-los, a fim de que falem de maneira desordenada. Eles se misturam em muitas conversas inúteis, e um não escuta o outro".

Por fim o conduziu ao capítulo, mas quando o demônio chegou diante da porta, não quis entrar de jeito nenhum, e lhe disse: "Aqui não entrarei nunca, porque é um recinto de maldição, no qual perco tudo o que ganhei nos demais lugares. Pois quando faço faltar algum frade por negligência, imediatamente ele se purifica de sua negligência neste maldito lugar, proclamando sua falta diante de todos. E assim, lamento o fato de perder aqui tudo quanto me alegrava de ter ganho em outras partes". Dito isso, desapareceu. (Cerrato, 35)

O diabo e a lista dos pecados

(56) Um dia frei Domingos encontrou o diabo que segurava nas mãos um pedaço de papel, e o estava lendo à luz de uma vela. Tendo perguntado o que estava lendo o diabo respondeu: "Os pecados de seus frades". Frei Domingos mandou em nome de Cristo que lhe entregasse aquele papel e ele o entregou. Assim frei Domingos encontrou registradas muitas coisas, da quais depois corrigiu os frades. (Vitae Fratrum, 102)

Frei Domingos expulsa um demônio na região de Toulouse

(57) Aqueles aos quais, depois da morte do homem de Deus Domingos, foi confiada a averiguação dos seus milagres na região de Toulouse, souberam pelo testemunho de um presbítero digno de crédito, quer pela sua idade quer pelo seu ofício, que na paróquia dele havia um homem muito atormentado pelo demônio. Como o homem de Deus Domingos tivesse chegado àquele lugar para exercer o ministério da pregação, com as suas orações expulsou o demônio e libertou o homem. Acrescentou, além disso, que na mesma paróquia, pela força de suas orações, restituiu a saúde a muitos que estavam doentes. (Orvieto, 47)

Frei Domingos mostra o demônio na figura de um gato para a conversão de algumas mulheres

(58) Em certa ocasião em que estava pregando em Fanjeaux, demonstrando a verdade da fé católica e reprovando com muitos argumen-

tos a perfídia das heresias, depois do sermão, frei Domingos permaneceu rezando na igreja, segundo o seu costume. Entraram na igreja nove senhoras do lugar e se prostraram a seus pés, dizendo: "Servo de Deus, ajuda-nos. Se é verdade o que hoje pregaste, faz tempo que nós estamos possuídas pelo erro. Aqueles que tu chamas hereges nós os temos por homens bons, e até hoje cremos neles e os seguimos de todo coração. Agora sentimo-nos confundidas. Servo de Deus, ajuda-nos, e roga ao Senhor teu Deus para que nos dê a conhecer sua verdadeira fé, com a qual viver, morrer e salvar-nos".

Frei Domingos ficou um momento de pé, orando interiormente. Em seguida lhes disse: "Mantenham-se firmes e esperem sem desfalecer. Eu confio no Senhor meu Deus. E visto que não quer que ninguém se perca, Ele mesmo encarregar-se-á de mostrar a vocês a qual senhor vocês estavam servindo até agora". Nesse momento apareceu entre elas um gato horrível, do tamanho de um cachorro grande, de olhos esbugalhados e luzentes como brasas, a língua comprida e larga, de uma cor de sangue e chegando até o umbigo, com o rabo curto e erguido, e de seus genitais emanava um fedor insuportável. Depois de rondar por quase uma hora em torno daquelas senhoras, foi até a corda do sino e, subindo pela corda, fugiu pelo buraco da torre dos sinos deixando um rasto de fedor.

Então frei Domingos, consolou aquelas senhoras dizendo: "O que por força divina compareceu diante de vocês é uma imagem que vos mostra como é aquele a quem vocês serviram até hoje, seguindo os hereges". Dando graças a Deus, a partir daquele momento elas se converteram totalmente à fé católica. "Algumas ingressaram no mosteiro das monjas de Prouille, onde vestiram o hábito." (Humberto, 52)

Testemunho de Berregaria sobre a aparição do demônio em forma de gato

(59) Berregaria garantiu, sob juramento, de que estava presente quando o bem-aventurado Domingos levou nove mulheres convertidas da heresia a contemplar, sob as aparências de um gato, o demônio do qual tinham ficados reféns até aquele momento. Este demônio tinha os olhos grandes quase como aqueles de um boi e luzentes como se fossem de fogo. Também sua língua, que sobressaía da boca por mais de meio pé, parecia uma língua de fogo. Seu rabo tinha meio braço de comprimento e sua grossura era como a de um cachorro.

Pela intimação de frei Domingos o monstro fugiu pelo buraco onde passa a corda do sino e sumiu da vista deles. Por sorte frei Domingos tinha tido o cuidado de preveni-las, recomendando-lhes de não ter medo quando ele lhes teria mostrado a qual patrão tinham servido até então. (Processo T.,23)

O demônio apareceu sob a forma de um macaco a frei Domingos, enquanto escrevia

(60) Uma noite, quando os frades ainda moravam em São Sixto, frei Domingos tinha ficado muito tempo em oração. Depois saiu da igreja perto da meia noite e, sentado no final do dormitório, começou a escrever à luz de uma vela. Logo apareceu o demônio sob a aparência de um macaco e começou a pular perto dele fazendo-lhe gracejos e gritando. Frei Domingos pediu-lhe que ficasse quieto e pegando a vela acesa a entregou ao macaco para que a segurasse e lhe fizesse luz. O demônio segurou a vela e ficou guardando-a, mas continuou a fazer seus gracejos. A vela, porém, foi se consumindo e começou a queimar os dedos do macaco e este se torcia e se queixava pela dor, como se tivesse medo do fogo físico, ele que queimava no fogo eterno do inferno.

Frei Domingos lhe mandou de continuar ficando parado com a vela. Incrível a dizer, o demônio ficou parado e segurou de tal maneira a vela que o dedo índice pegou fogo e queimou completamente até a junção da mão. O macaco recomeçou a se agitar e a se queixar com mais força. Frei Domingos então pegou uma vara que sempre levava consigo e o golpeou com força gritando: "Vai embora, malandro!" O golpe ecoou como se tivesse golpeado um odre vazio, cheio de ar. O macaco pulando o muro mais perto desapareceu para sempre. Ele, porém, deixou um rastro de fedor muito forte, mostrando assim de que tipo de macaco se tratava.

Este fato foi relatado por frei Domingos aos frades e às irmãs, estando presente também irmã Cecília, e enquanto relatava o episódio ele imitava os gestos daquele macaco. (Cecília, 4)

Libertação de uma mulher possuída por sete demônios

(61) Depois que as monjas se tinham mudado para a igreja de São Sixto, frei Domingos tinha decidido de fazer na mesma igreja uma

solene pregação no segundo domingo da Quaresma, no qual se lê o Evangelho da Cananeia. Reuniram-se então muitas pessoas de ambos os sexos e de todas as idades. Frei Domingos, apesar de falar com voz muito forte, tinha-se colocado perto da grade para permitir às monjas de vê-lo e escutá-lo bem.

Uma mulher, que afirmava de estar possuída por sete demônios, começou a gritar com o propósito de atrapalhar a pregação. "Malandro, malandro! Com seus enganos você me tirou quatro mulheres que eram minhas, e as levou embora!" E repetia: "Malandro, malandro!" O povo começou a mandá-la calar porque atrapalhava a pregação. Frei Domingos repetiu várias vezes: "Fica calada!" Mas os demônios por meio de sua boca responderam: "Não nos expulse daqui: ela é nossa e nós não vamos sair dela. Estamos em sete e entramos nelas de vários modos". E cada um deles, com voz diferente, começou a relatar sobre a maneira com que tinha entrado na mulher.

Foi aumentando o protesto do povo pelo fato de aquela mulher estar atrapalhando a pregação. Frei Domingos, levantando a mão, traçou o sinal da cruz dizendo: "Em nome do Senhor nosso Jesus Cristo eu vos mando de sair dela e de não a incomodar mais". Logo a mulher começou a vomitar uma grande quantidade de carvão e sangue, e ficou quase morta. Frei Domingos pediu que fosse levada fora da igreja numa casa perto e cuidada até que se recuperasse. Tempo depois, quando irmã Cecília e suas companheiras, por ordem do Papa, se mudaram para o mosteiro de Santa Inês em Bologna, ela veio se despedir, estando curada e saudável, e as acompanhou até a porta de San Tiago, falando com elas com muita alegria.

Este milagre foi operado por frei Domingos na igreja de São Sixto perto da grade das monjas, que assim puderam observá-lo e ouvi-lo, e ficaram muito apavoradas quando ele mandou aos demônios saírem daquela mulher. (Cecília, 5)

Do demônio que apareceu em forma de lagarto, atrapalhando a pregação de frei Domingos

(62) Um dia, frei Domingos, depois da Missa, veio perto da grade da clausura pedindo às monjas que se reunissem todas perto dos canais onde estavam os moinhos, para ele lhes fazer a pregação. Prevendo os acontecimentos, ele lhes disse: "Minhas filhas, se o inimi-

go do gênero humano quiser lhes espantar com uma aparição, não devem ter medo". As monjas foram então ao lugar indicado por frei Domingos, estranhando que ele tivesse escolhido um lugar tão insólito para fazer a pregação. Naquele tempo, os moinhos estavam sendo reformados e por isso ele e os demais frades puderam entrar na clausura e chegar até o lugar onde as monjas estavam reunidas. Elas estavam sentadas ao longo do canal e frei Domingos começou a pregar com força sobre os enganos do inimigo e suas maldades. De improviso, enquanto ele falava, apareceu satanás sob a forma de um horrível lagarto todo preto, com duas cabeças e dois rabos. Caminhando na beira do canal ele levantava e abaixava com movimentos rápidos as cabeças e os rabos, e se volvia na direção das monjas, como querendo agredi-las.

Frei Domingos, conhecendo pela inspiração de Deus quem era aquele que se escondia sob as aparências de um lagarto que olhava para ele com olhos ameaçadores e meneando a cabeça, gritou: "O inimigo, o inimigo!" Depois, falando às monjas disse: "Não tenham medo, ele não pode lhes prejudicar". Vendo que as monjas estavam aterrorizadas e várias delas já se tinham levantado para fugir, ele mandou ao bicho: "Eu lhe ordeno, inimigo do gênero humano, de se jogar agora na água". O lagarto mergulhou logo na água e nunca mais apareceu.

Quando aconteceu este milagre, estavam presentes irmã Cecília com as demais monjas e muitos frades. (Cecília 8)

Enquanto frei Domingos pregava o demônio derrubou a lâmpada, sem apagá-la

(63) Uma vez frei Domingos, voltando da Espanha, tinha levado como presente para cada monja do mosteiro Santa Maria em Tempulo umas colheres de madeira de cipreste. Um dia em que ele tinha demorado na pregação e nas demais obras de caridade, chegou tarde para visitar as monjas, levando para elas as colheres que tinha trazido da Espanha. Sentado perto da grade junto com outros frades começou a pregar às monjas sobre as ciladas do inimigo e sobre como satanás, para enganar, pode se transformar às vezes em anjo da luz, mas para impedir a pregação e as demais obras boas pode assumir também o aspecto de coisas muito humildes, transformando-se às vezes até num pássaro.

Ele tinha acabado de dizer estas coisas e logo o inimigo do gênero humano apareceu sob a forma de um pássaro e começou a voar pelo ar sobre a cabeça das monjas, tão perto que, querendo, elas podiam tocá-lo com as mãos. Esse fato estava atrapalhando a pregação. Frei Domingos chamou irmã Massimilla e lhe disse: "Levante-se, apanhe-o e leve-o aqui". Ela se levantou, alongou a mão e logo, sem nenhuma dificuldade, o pegou e o entregou através da grade a frei Domingos.

Este, pegando o pássaro, começou a depená-lo dizendo: "Inimigo, inimigo!" e, uma depois de outra, tirou-lhe todas as penas enquanto os frades e as monjas riam e o pássaro piava com voz chorosa. Por fim o jogou fora dizendo: "Vai, inimigo do gênero humano, agora pode voar, se quiser, você fará muito barulho e confusão, mas nunca mais poderá fazer malandragens".

O pássaro, porém, enquanto as monjas escutavam sentadas a pregação, voltou pela grade. Pulou sobre um vaso de bronze suspenso com pequenas correntes sobre o altar da Beata Virgem, que sustentava uma lambada acesa cheia de azeite. Agitando com violência as correntes, ele as derrubou. Com aquele golpe a lâmpada saiu do vaso, mas não quebrou nem se apagou, ficando suspensa no ar de cabeça para baixo. As monjas levantaram a cabeça e viram a lâmpada maravilhosamente suspensa no ar, sem nenhum apoio. Tudo aconteceu como frei Domingos tinha anunciado. De fato, apesar de estar assim derrubada, a lâmpada não se apagou nem uma gota de azeite se derramou, nem a areia que estava na bacia debaixo da lâmpada para protegê-la se espalhou: tudo ficou intacto como se tivesse ficado imóvel no seu lugar.

Vendo isso frei Domingos e os frades que o acompanhavam louvaram a Deus. Frei Domingos pediu a irmã Sabina, que ele tinha nomeado sacristã quando em São Sixto foram renovados todos os cargos das monjas, de colocar a lâmpada no seu lugar. E ela o fez. Assim aquilo que o inimigo do gênero humano tinha feito por inveja para causar dano e atrapalhar tornou-se uma glória para Deus. Aquele pássaro que tinha voado por aí naquela noite desapareceu e não se soube para onde tinha ido. É preciso lembrar que quando frei Domingos pregava às monjas de noite, os frades ficando de fora e as monjas dentro das grades, eram acesas grandes luminárias, assim que era possível ver o que acontecia na igreja.

Este milagre foi realizado por frei Domingos na igreja de São Sixto perto da grade, estando presentes as mojas de São Sixto e, entre elas irmã Cecília, que conseguiu ver e escutar o que aqui está sendo relatado. (Cecília 10)

A Eucaristia queima a boca e o corpo de um avarento

(64) Enquanto estava na Lombardia, frei Domingos, respondendo ao pedido de umas pessoas, foi visitar um homem que era jurista e tinha praticado a usura. A este homem muito doente, na presença de outro frade, frei Domingos pediu que restituísse os lucros de sua usura. O homem não queria fazer isso, dizendo que não queria deixar seus filhos na pobreza. Frei Domingos então foi embora junto com os companheiros, levando consigo de volta o Corpo de Cristo. Os amigos do moribundo ficaram preocupados e o exortaram a fazer a promessa até o momento de tomar a Comunhão, para não ser privado da sepultura cristã. Ele consentiu, esperando assim enganar. Depois de ter recebido a Eucaristia, porém, ele começou a se queixar porque se sentia como uma brasa e era como se lhe tivessem colocado o inferno na boca: "ah, ah, eu estou queimando!" e levantando as mãos gritava: "ah, ah, a boca está queimando!" E o mesmo sentia em todo o corpo. Assim ele morreu como queimando. (Etienne de Bourbon, 11)

12. Zelo apostólico e pregação de frei Domingos

(65) Frei Domingos preocupava-se muito com a salvação de todas as almas, tanto dos cristãos como dos sarracenos e especialmente dos Cumanos e dos outros. Nunca se viu uma pessoa que tivesse tanto zelo para as almas. Com frequência dizia que desejava ir às terras dos Cumanos e a outros lugares dos infiéis. (Processo B., VI,32)

(68) Quando rezava, gemia tão forte que se ouvia em toda parte. Gemendo ele dizia: "Senhor tende piedade do teu povo. O que será dos pecadores?" E desse modo passava as noites acordado, chorando e gemendo pelos pecados dos outros. (Processo T.,18)

Como Deus lhe concedeu o dom de falar alemão

(67) Na viagem de Toulouse para Paris, frei Domingos passou por Rocamadour e pernoitou devotamente na Igreja de Nossa Se-

nhora, tendo por companheiro de viagem, de santidade e de fervor frei Beltrão, que depois foi o primeiro prior provincial da Provença. No dia seguinte se juntaram a eles uns peregrinos alemães que, ouvindo-os rezar os salmos e a ladainha, fizeram grupo com eles com grande devoção. Ao chegarem a um pequeno povoado, os alemães os convidaram a ficar com eles e os trataram muito bem, segundo o seu costume. E assim fizeram durante cinco dias seguidos.

Um dia, frei Domingos disse ao seu companheiro: "Frei Beltrão, tenho a certeza de que destes peregrinos colheremos somente coisas materiais, se não semearmos neles as coisas espirituais. Por isso, se achares bom, ajoelhemo-nos e peçamos ao Senhor que nos conceda entender e falar o seu idioma, para podermos pregar-lhes Jesus Cristo".

E procedendo desse modo falaram de forma inteligível o alemão, com muita maravilha dos peregrinos. Assim, viajando juntos por mais quatro dias e falando-lhes de Jesus Cristo, chegaram a Orleans. Como aqueles peregrinos desejavam ir a Chartres, despediram-se de frei Domingos que estava a caminho de Paris, recomendando-se humildemente às suas orações.

No dia seguinte, frei Domingos disse a Frei Beltrão: "Irmão, estamos já para chegar a Paris e, se os frades soubessem do milagre que o Senhor realizou conosco, ter-nos-iam por santos, quando em realidade somos verdadeiros pecadores. E se o fato chegasse aos ouvidos dos seculares, seria para nós motivo de grande vaidade. Por isso, em virtude da obediência, proíbo-lhe de dizer algo antes de eu morrer". E assim o fez: só depois da morte de frei Domingos frei Beltrão relatou estas coisas aos frades. (Vitae Fratrum, n.86)

Poupa a vida de um herege condenado à fogueira

(68) Em certa ocasião, estando o homem de Deus, Domingos, pregando na região de Toulouse, aconteceu que alguns hereges, recusando converter-se à fé católica, foram entregues aos juízes seculares e condenados à fogueira. Entre eles tinha um que se chamava Raimundo 'o gordo'. Como se intuísse nele um raio da predestinação divina, frei Domingos disse aos oficiais do tribunal: "Separem este e não o queimem com os demais". E, dirigindo-se a ele, disse-lhe com doçura: "Filho meu, sei que ainda, embora tarde, serás um homem bom e santo". Coisa admirável e digna de ser lembrada! Aquele que durante vinte anos havia permanecido na cegueira da heresia, guiado

pela graça de Deus, deixou as trevas e viu a luz. Por fim se tornou frade pregador e viveu de forma santa e feliz na Ordem até o fim de seus dias. (Humberto, 53)

Assíduo no ministério da pregação

(69) Frei Domingos era diligente e solícito na pregação e tinha palavras tão comovedoras que muitas vezes chorava e levava os ouvintes a chorar. Nunca se ouviu falar alguém com palavras tão eficazes para levar os frades à compunção e às lágrimas. Tinha por costume falar sempre de Deus ou com Deus, em casa, fora de casa e pelos caminhos. A isso incitava também os frades, e chegou mesmo a colocá-lo nas Constituições da Ordem. (Processo B., VII,37)

(70) Quando andavam pelos caminhos, frei Domingos queria expor a palavra de Deus aos que o acompanhavam, por si mesmo ou por outros. Frei Ventura o sabe por

que ele mesmo muitas vezes participou disso.

Enquanto caminhava, sempre queria dissertar ou falar de Deus, ou ensinar ou ler ou rezar. Quando chegava a um lugar onde havia convento dos seus frades, não ia logo descansar, como muito fazem, mas reunia a comunidade dos frades para falar-lhes, e lhes propunha a Palavra de Deus, dando-lhes ótimos conselhos. (Processo B., I,3-4)

(71) Quando estava em viagem, visitava sempre os mosteiros dos religiosos, de qualquer Ordem eles fossem, e lhes pregava e os exortava ao bem. Frei Ventura o viu fazer isso muitas vezes. Se algum frade de sua Ordem ou de outra tinha alguma tentação ou perturbação e o procurava para se confiar, dava-lhe muitos bons conselhos, de tal maneira que todos se retiravam plenamente consolados. Frei Ventura viu isso muitas vezes na Lombardia e de maneira especial em Milão, no mosteiro de Chiaravalle da Colomba e em muitos outros lugares. Quase todos os dias, a não ser que houvesse grave impedimento, pregava e fazia alguma exortação para os frades, chorando muito e fazendo chorar os demais. (Processo B., I,6)

(72) Compadecia-se do próximo e desejava com muito ardor a sua salvação. Pregava frequentemente e de toda maneira animava e motivava os frades a pregar. Quando os enviava, admoestava-os para que fossem diligentes na salvação das almas. Confiando muito em Deus, enviava também os simples a pregar, dizendo-lhes: "Ide sem preocupação, porque o Senhor porá as palavras em vossos lábios e estará

convosco e não lhes faltará nada." Eles iam e acontecia sempre como Domingos lhes havia dito. (Processo B., V,26)

(73) Frei Bonviso relatou que quando era noviço e ainda não estava treinado para a pregação, nem tinha bastante conhecimento da Sagrada Escritura, frei Domingos lhe pediu de ir de Bolonha a Piacenza para pregar. Ele recusava, alegando sua incapacidade, mas frei Domingos, com boas palavras o convenceu a ir. Disse-lhe: "Vai com segurança, porque o Senhor estará contigo e lhe colocará nos lábios as palavras certas". Ele obedeceu e foi até Piacenza para pregar. O Senhor lhe deu tanta graça que pela sua pregação três jovens entraram, tornando-se frades da Ordem dos Pregadores. (Processo B., IV,24)

(74) Não queria que os frades se preocupassem com questões temporais, nem se ocupassem com as coisas materiais, com exceção dos encarregados da casa. Desejava que sempre estivessem dedicados ao estudo, à oração e à pregação. Se soubesse que algum dos frades era apto para a pregação, não queria que se lhe confiasse nenhum outro encargo. Em casa ou na viagem, sempre queria falar de Deus ou da salvação das almas. (Processo B., VI,32)

(75) O senhor Peyronet abade do mosteiro de São Paulo declarou sob juramento que frei Domingos tinha sede ardente pela salvação das almas, das quais era apóstolo incomparável. Dedicava-se com grande fervor à pregação e exortava e até obrigava os frades a pregar a palavra de Deus de dia e de noite, nas igrejas e nas casas, nos campos e nas estradas e em toda parte, e que não falassem senão de Deus. Não dava trégua aos hereges, opondo-se a eles com todos os meios, pregando e disputando. (Processo T.,18)

13. Os milagres de frei Domingos

Como a sua túnica conteve uma vez o fogo

(76) Na cidade de Segóvia havia uma mulher, muito devotada a Deus, em cuja casa uma vez frei Domingos se hospedou. Aqui ele deixou uma túnica de saco que usou por um certo tempo em lugar do cilício, até que encontrou um cilício muito áspero, como queria. A mulher pegou com muita devoção a túnica e a colocou na sua arca, entre as coisas mais preciosas, guardando-a com maior cuidado do que se fora púrpura régia.

Um dia aquela mulher teve que sair para resolver um assunto e deixou, por pressa ou por outro motivo, a casa com a porta fechada e o lume aceso. Este foi crescendo pouco a pouco como um grande fogo que consumiu tudo o que havia na casa, com exceção da arca de madeira em que se guardava a túnica. De fato, embora estivesse no meio do fogo, a arca não se queimou, nem foi chamuscada. Quando a mulher voltou, ficou maravilhada por tão grande milagre e deu graças a Deus e ao bem-aventurado Domingos, seu hóspede que, com a sua túnica tinha salvado do incêndio o seu escasso patrimônio guardado na arca. E, reservando-se ela as manga da túnica, entregou o resto aos frades para que a conservassem. A túnica se encontra até hoje entre as relíquias do convento dos frades. (Vitae Fratrum, n.92)

A paixão da luxúria reprimida com o perfume das mãos de frei Domingos

(77) Um estudante da Bolonha muito dado ao vício da carne, veio num dia de festa ao convento dos frades para ouvir Missa e sermão. Celebrava a Missa frei Domingos e, na hora do ofertório, ao aproximar-se junto com os companheiros para deixar a sua oferta, quando beijou a sua mão sentiu de repente uma fragrância tão suave, como nunca em sua vida tinha experimentado. Foi um milagre maravilhoso o perfume que percebeu, mas um milagre ainda mais admirável foi a extirpação do vício da luxúria, pois, segundo o próprio estudante confessou, desde então experimentou uma tal temperança que lhe era fácil vencer as tentações, o que antes lhe era impossível. (Vitae Fratrum, n.96)

O vinho aumentado por sua intercessão

(78) Certo dia, indo de viagem com vários frades por aquelas terras, chegou à hora de comer, mas tinham somente um pequeno frasco de vinho. Compadecendo-se, o bem-aventurado Pai de alguns deles, que no mundo tinham sido muito dedicados, mandou esvaziar num recipiente maior o pouco vinho que havia e completá-lo com água. Eram oito os frades que beberam abundantemente da água transformada em vinho delicioso, e ainda lhes sobrou. (Vitae Fratrum, n.93)

A chuva que obteve do Senhor

(79) Quando frei Domingos fundou na Espanha o convento de Segóvia, aconteceu que, ao pregar certo dia a muita gente reunida nos arredores da cidade, percebendo a grande angústia que afligia o povo pelas falta de chuva, pois já estava próximo o Natal e os camponeses ainda não tinham conseguido semear por causa da rigorosa seca, depois das primeiras frases do sermão, divinamente inspirado, o homem de Deus declarou com estas palavras: "Não temais, irmãos; confiai na misericórdia do Senhor, porque Ele nos concederá hoje uma grande quantidade de chuva, e a nossa tristeza se converterá em gozo. Naqueles momentos não se notava qualquer indício de chuva, antes pelo contrário, toda a atmosfera estava iluminada pela claridade dos raios solares e nem uma nuvem obscurecia o brilho do sol. Logo que começou o sermão, caiu um aguaceiro, com tal ímpeto que, por causa da repentina inundação da chuva, foi difícil voltar à cidade e alcançar suas próprias casas. Todo o povo deu graças a Deus, que é o único que opera maravilhas e quis levar tão rapidamente a efeito a promessa de seu servo frei Domingos. (Vitae Fratrum, n.84)

Um tumor salutar para uma mulher pecadora

(80) Vou relatar agora, com toda segurança e devoção, um episódio referido pela própria pessoa que o protagonizou, ou seja, a serva de Cristo Benedita. Esta mulher viveu muito tempo entregue à vida mundana e aos prazeres da carne. Mas, por fim, um tumor maligno começou a atormentá-la gravemente. Morava em Florença, perto da igreja onde então residiam os frades Pregadores. Tendo chegado ali, frei Domingos levou-a primeiro, pelas suas exortações, a fazer penitência, e depois, compadecido pelo sofrimento dela, conseguiu com suas orações que o tumor desaparecesse. E assim ela, que antes apenas tinha de um pequeno alívio em dias intercalados, passou a não sentir mais nenhuma moléstia daquela doença durante mais de um ano. No entanto, livre dos seus sofrimentos, tornou-se tíbia e negligente no serviço de Deus e as tentações da carne voltaram mais fortes.

Quando ela expôs o fato a frei Domingos, e este notou que o benefício que lhe tinha conseguido se convertera em ruína para ela, perguntou-lhe se queria voltar ao estado anterior. E como ela se remetesse à vontade de Deus e à sua discrição, frei Domingos respondeu-lhe:

"Filha, vou, pois, pedir ao Senhor que faça contigo o que Ele achar melhor para a tua salvação". E assim aconteceu que o tumor maligno dominou novamente o corpo da serva de Cristo, mas sua alma ficou salva. E o tormento, que antes era uma pena para a sua culpa, passou a ser, daí em diante, um remédio para a sua conversão e uma fonte de méritos. (Orvieto, 46)

Salva do naufrágio um grupo de peregrinos ingleses

(81) Um grupo de peregrinos da Inglaterra que ia a Santiago, para evitar a entrada em Toulouse a fim de não cair na excomunhão, subiu numa barca que atravessava o rio. Por causa do grande número (eram quarenta) a barca se afundou com eles. Ao clamor dos presentes, frei Domingos saiu de uma igreja e, vendo o perigo, prostrou-se por terra, estendendo os braços em forma de cruz, e suplicou ao Senhor com lágrimas. Levantando-se depois, mandou que os peregrinos, em nome de Cristo, viessem até a margem do rio. Coisa admirável, realizada por quem, e somente Ele, faz maravilhas! Logo, na presença de muito povo, os náufragos reapareceram por cima das ondas. (Cerrato, n.41)

Como afugentou uma chuva com o sinal da cruz

(82) Também frei Bertrando contou-me que, viajando certa vez com frei Domingos, surgiu uma tempestade e já começava a cair um verdadeiro dilúvio. Frei Domingos fez o sinal da cruz e conteve diante de si todo aquele aguaceiro, de tal modo que viam uns três côvados à frente as grossas gotas despencando na terra, mas nenhuma delas lhes tocou nem mesmo a orla das vestes. (Libellus, 101)

As vestes de frei Domingos ficam enxutas

(83) Aconteceu muitas vezes que em viagem a chuva o surpreendia junto com os seus companheiros, molhando as suas vestes. E, como os seus companheiros, depois da ceia, recorriam ao calor do fogo para secar as vestes e reconfortar o corpo, frei Domingos, ardendo do fogo do Espírito Santo, ia orar na igreja segundo o seu costume, e até passava toda a noite rezando com as vestes completamente molhadas. Mas na manhã seguinte, enquanto a roupa dos outros que tinha ficado estendida ao calor do fogo se encontrava ainda úmida, a sua estava seca como se tivesse ficado toda a noite num forno quente. (Orvieto, 42)

Ressurreição de um arquiteto em Roma

(84) Nesse mesmo lugar de São Sixto, um arquiteto chamado pelos frades penetrou numa cripta, que desmoronou sobre ele e o deixou bastante tempo sob os escombros. Pressurosos, os irmãos acudiram muito entristecidos e angustiados pelo acontecido. O povo, que presenciara o triste fato e ainda não conhecia tão bem o espírito da Ordem, ficou muito perturbado. Mas o piedoso Pai Domingos, cujo coração estava cheio de confiança no Senhor (Pr 3,5), condoendo-se da desolação dos seus filhos, mandou que logo que tirassem da cripta o corpo o levassem à sua presença e, com o auxílio de suas orações, devolveu-lhe a saúde e a vida. (Orvieto, 36)

A ressurreição de um menino em Roma

(85) Vivia em Roma na paróquia de São Salvador in Pisile uma viúva da família dos Buvalischi que se chamava Tuttadonna e tinha uma grande veneração por frei Domingos. Ela era mãe de um único filho ainda pequeno, que estava muito doente. Um dia que frei Domingos pregava na igreja de São Marcos daquela cidade esta senhora, desejando escutar de sua boca a Palavra de Deus, deixou o menino doente em casa e foi até aquela igreja para escutar a pregação. Quando voltou em casa encontrou o menino morto. A pobre mãe, paralisada pela dor, confiante no poder de Deus e nos méritos do bem-aventurado Domingos, acompanhada por outras mulheres foi procurá-lo, levando consigo o filho falecido.

Frei Domingos naquela época morava com seus frades perto da igreja de São Sixto e, devido ao fato de que se estavam fazendo reformas para poder acolher as monjas, a clausura estava aberta para os operários e demais pessoas. A mulher entrou e o encontrou na porta do Capítulo como se estivesse esperando algo. Ela colocou o pequeno cadáver aos seus pés e de joelhos começou a suplicar-lhe que lhe restituísse seu filho vivo.

Frei Domingos, comovido por aquele grande sofrimento, se afastou um pouco dela e se recolheu em oração. Depois levantou-se e se aproximou do menino, traçando o sinal da cruz sobre ele. Por fim, pegando-o pela mão, levantou-o do chão vivo e o restituiu a sua mãe. (Cecília, 1)

A ressurreição do jovem Napoleão, sobrinho do cardeal Estevão de Fossanova

(86) Papa Honório III, de feliz memória, tinha encarregado frei Domingos de reunir num único mosteiro a ser construído perto da igreja de São Sixto todas as monjas que moravam nos vários mosteiros de Roma. As monjas, na sua grande maioria, não aceitaram e fizeram o possível para impedir a execução das ordens do Papa. Porém, a abadessa e todas as monjas do mosteiro de Santa Maria in Tempulo, menos uma, se colocaram à disposição de frei Domingos junto com as propriedades e rendas pertencentes ao mosteiro. Frei Domingos, de acordo com os três cardeais que o apoiavam para esta iniciativa, estabeleceu que na primeira quarta-feira de Quaresma, depois da imposição das Cinzas, todas as monjas se juntassem no mosteiro de São Sixto. Naquele dia, enquanto frei Domingos estava sentado junto com os três cardeais, estando presentes também a abadessa e as demais monjas, chegou um homem gritando desesperado. Perguntaram-lhe o que tinha acontecido e ele informou que o sobrinho do cardeal Estevão tinha caído de cavalo e estava morto. O jovem se chamava Napoleão.

O tio cardeal desmaiou pela emoção. Frei Domingos levantou-se e o aspergiu com a água benta. Foi então ao lugar do acidente e encontrou o corpo do jovem todo ferido e estraçalhado. Pediu que o levassem numa casa ali perto e o guardassem. Depois pediu a frei Tancredi e aos outros que estavam com ele que preparassem a celebração da Missa, que ele mesmo celebrou, derramando muitas lágrimas na presença dos cardeais com o seu cortejo, das monjas e da abadessa, que era muito estimada pelos cardeais e pelo frei Domingos, devido a sua santidade.

Depois da celebração da Missa, frei Domingos voltou junto ao corpo do falecido acompanhado pelos cardeais com seu cortejo e pela abadessa com as monjas. Ele recompôs com suas santas mãos todas as partes do corpo destruídas e machucadas, da cabeça até os pés e, chorando, colocou-se em oração perto do cadáver. Depois de ter repetido por três vezes o gesto de recompor aquele rosto desfigurado e as demais partes do corpo, levantou-se e traçou sobre ele o sinal da cruz. Estando de pé com as mãos levantadas perto da cabeça do falecido e levantado do chão mais de um cúbito, gritou com voz forte: "Jovem Napoleão, eu lhe ordeno em nome do Senhor nosso Jesus Cristo: volta a viver!"

Logo na presença daqueles que estavam assistindo a tão grande prodígio, o jovem se levantou são e salvo e disse a frei Domingos: "Frei, me dê algo para comer". Frei Domingos lhe deu de comer e beber e o restituiu a seu tio são e alegre, sem ter mais nenhum sinal de ferida. Tinha permanecido morto desde a manhã até a hora nona.

Este grande milagre, tal como está sendo lembrado aqui, foi relatado por irmã Cecília, que esteve presente quando aconteceu e tudo escutou com seus ouvidos e viu com seus próprios olhos. (Cecília, 2)

O pão e o vinho servidos aos frades e aumentados por Deus graças à oração de Domingos

(87) Quando os frades moravam ainda junto à igreja de São Sixto e eram mais de cem, um dia frei Domingos pediu a frei João de Calabria e frei Alberto de Roma de ir à cidade para pedir esmola. Eles foram caminhando desde a manhã até a hora terça, mas, não tendo recolhido nada, estava voltando ao convento de mãos vazias. Quando chegaram junto à igreja de Santa Anastasia, aproximou-se uma senhora que tinha grande veneração pela Ordem e, vendo que eles não tinham recolhido nada, entregou-lhes um pão com estas palavras: "Não quero que vocês voltem para casa sem nada".

Pegando o pão eles retomaram o caminho. Logo um homem de bela aparência, vestido de branco, começou a segui-los pedindo com insistência a esmola. Eles se desculpavam de não poder dar-lhe nada, porque não tinham nem para si. Mas como o homem insistia em pedir, eles pensaram: "O que vamos fazer com um único pão. Damos a ele pelo amor de Deus". E entregaram-lhe o pão. Logo que recebeu o pão aquele homem desapareceu e eles não entenderam para onde tivesse ido.

Quando chegaram em casa frei Domingos, que já sabia por revelação divina o acontecido, foi ao encontro deles com rosto alegre e disse: "Então meus filhos vocês não têm nada?". Eles responderam: "Não, pai", e contaram o que lhe tinha acontecido, e o encontro com o pobre ao qual tinham oferecido o pão. Ouvindo isso frei Domingos exclamou: "Era um anjo do Senhor – e o Senhor irá alimentar seus servos. Vamos rezar." Entrou na igreja e logo depois saiu para pedir a dois frades de chamar a comunidade para o almoço. Eles, porém, lhe responderam: "Pai santo, como queres que os chamemos se não temos nada para oferecer?" Ele, porém, insistiu: "O Senhor alimentará seus servos". Os dois frades demoraram a executar suas ordens e frei

Domingos chamou frei Ruggero, que era o responsável da despensa, e mandou que também chamasse os frades para o almoço, porque o Senhor tinha providenciado o necessário para seus servos.

Foram então preparadas as mesas, colocados os talheres e depois de tocar o sino os frades entraram no refeitório. Frei Domingos abençoou a mesa e, depois que os frades estavam sentados, frei Henrique de Roma começou a leitura, conforme o costume. Frei Domingos começou a rezar e logo, conforme aquilo que ele tinha prometido pela inspiração de Deus, apareceram de improviso no meio do refeitório, enviados pela divina Providência, dois jovens belíssimos carregando duas toalhas brancas cheias de pão. Começaram a servir a partir dos mais jovens, um pelo lado direito e o outro pelo lado esquerdo, e entregaram a cada frade um pão inteiro muito bonito. Quando chegaram junto de frei Domingos entregaram também a ele um pão inteiro e, tendo feito a reverência com a cabeça, subitamente desapareceram, e ninguém soube de onde tinham chegado e para onde foram embora.

Frei Domingos falando aos frades exclamou: "Comam, irmãos, o pão que o Senhor nos mandou". Em seguida pediu aos frades que serviam à mesa que distribuíssem o vinho. Mas eles responderam: "Pai santo, não temos!". Cheio de espírito profético, frei Domingos mandou: "Vão ao barril e sirvam aos frades o vinho que o Senhor nos mandou". Eles fizeram conforme o pedido e encontraram a barril cheio de ótimo vinho. Pegaram e levaram aos frades. Frei Domingos repetiu: "Bebam, irmãos, o vinho que o Senhor nos mandou".

Por aquele dia, o dia seguinte e o terceiro dia todos os frades puderam assim comer e beber à vontade. Porém, depois do almoço do terceiro dia ele mandou distribuir aos pobres aquilo que tinha sobrado do pão e do vinho, não querendo que nada ficasse guardado em casa. E por três dias não enviou ninguém para pedir esmola, dando como explicação que o Senhor tinha dado a eles do céu pão e vinho em abundância. A seguir, frei Domingos fez aos frades uma belíssima reflexão exortando-os a nunca duvidar da divina Providência, nem mesmo nas situações de maior necessidade. (Cecília 3)

A multiplicação do vinho para os frades e as monjas em São Sixto

(88) Frei Domingos costumava passar o dia todo trabalhando para o bem das almas, pregando, confessando e se entregando às obras de caridade. A noitinha visitava as monjas junto com outros

frades e as entretinha com sua pregação e dando instruções sobre a Regra, sendo que elas não tinham ninguém que pudesse lhes falar sobre a vida da Ordem.

Uma noite ele se atrasou bastante e as monjas, pensando que já não viria mais, depois da oração foram se recolher no dormitório. Mas de repente os frades tocaram o sino que indicava a chegada de frei Domingos para a visita. Todas desceram na igreja às pressas e abrindo a grade encontraram frei Domingos esperando sentado junto com os demais frades. Ele disse: "Minhas filhas, estou chegando de uma pescaria e o Senhor fez-me encontrar um peixe grande". Estava falando de frei Gáudio, um jovem romano filho único de um grande senhor de nome Alexandre, que ele acabara de acolher na Ordem.

Em seguida frei Domingos deu uma longa instrução às monjas e as encheu de muita alegria. No final da fala, ele disse: "Minhas filhas, é bom que bebamos um pouco". Chamou frei Rogério, que era o encarregado da adega e pediu que levasse vinho num vaso. O frade o trouxe, conforme o pedido. Frei Domingos pediu-lhe para encher totalmente o vaso, depois o abençoou, bebeu por primeiro e deu aos demais frades presentes, que entre clérigos e leigos eram vinte e cinco. Todos beberam à vontade, mas o vinho no vaso não diminuiu e ficou cheio como no começo.

Depois que todos os frades tinham bebido, frei Domingos disse: "Eu quero que também todas as minhas filhas possam beber". Chamou irmã Nubia e disse: "Vai na roda, pega o vaso e dá de beber a todas as irmãs". Ela foi junto com uma irmã e voltou levando o vaso ainda totalmente cheio, e nenhuma gota foi derramada.

Beberam então à vontade todas as monjas, a priora e todas as demais, enquanto frei Domingos continuava a exortá-las dizendo: "Bebam à vontade, minhas filhas". Naquele tempo as monjas eram cento e quatro e todas beberam quanto queriam daquele vaso de vinho, sem que se esvaziasse, e ficou totalmente cheio como se tivessem continuado a enchê-lo. Depois pediu de volta fora da clausura o vaso. Este foi entregue assim como tinha sido dado no começo. Até agora não se sabe como isso pôde acontecer. (Cecília, 6)

A multiplicação dos pães em Bolonha

(89) Frei Reinaldo, penitenciário do Papa e depois arcebispo de Armagh (Irlanda), homem muito santo, contou que estava presente

em Bolonha quando o ecônomo se aproximou do homem de Deus frei Domingos, para dizer-lhe que não tinha mais do que dois pães para dar de comer a tão grande quantidade de frades. E Domingos, verdadeiro imitador do Senhor, mandou dividi-los em pedacinhos e, confiando no Senhor, que é rico para todos os que O invocam, e enche de bênçãos a toda a criatura, lançou sobre eles a bênção e mandou ao servidor que os distribuísse pelas mesas, dando a cada um dois ou três bocadinhos. Tendo feito isto uma vez, voltou a passar outra vez e outra vez, colocando para cada um aqueles pedacinhos de pão, e ainda ficou mais do que havia a princípio. Passou tantas vezes e deu aos frades assim que todos ficaram saciados e pela misericórdia divina rendeu muito mais do que tinham preparado. (Vitae Fratrum, n.88)

Multiplicação do vinho em Bolonha

(90) Um dia em Bolonha estava faltando o vinho no jarro destinado para os doentes, sendo que os sãos bebiam normalmente água. Chegando o frade enfermeiro a frei Domingos, que então se encontrava ali, comunicou-lhe com tristeza a necessidade dos doentes. Na mesma hora, conforme o seu costume, recorreu à oração. Depois pediu ao enfermeiro de levar o vaso, para dar um jeito de algum modo durante aquele dia. Indo para cumprir o mandado, encontrou o vaso cheio até a borda. Por esse fato os frades glorificaram a Deus. (Cerrato, 24)

A cura de frei Santiago

(91) Frei Santiago, acometido de uma grave doença, chegou ao término de sua vida. Iniciada já a administração do sacramento da Unção, e reunidos em seu redor os frades, que estavam muito tristes pela perda de um irmão tão indispensável, já que não tinha nenhum outro que fosse tão conhecido em Roma, o bondoso frei Domingos, movido pela compaixão de seus filhos, despediu a todos e, fechada a porta, se recostou sobre o corpo do moribundo. Depois convocou os religiosos e acompanhando-o pela mão devolveu frei Santiago curado e lhe confiou de novo o ofício de procurador. (Cerrato, 22)

Os livros caídos no rio permanecem enxutos

(92) Indo de um lugar para outro na região de Toulouse para fazer a pregação, ao atravessar um rio que se chama Ariège, os livros que

frei Domingos levava na curvatura do peito formada pela roupa caíram dentro das águas. Louvando o Senhor, comunicou ao hospedeiro a perda de seus livros. Depois de três dias um pescador, lançando o anzol naquele lugar, ao invés de um peixe pescou os livros, que estavam sem estrago, como se estivessem guardados com cuidado num armário. E, o que foi ainda mais digno de admiração era o fato de que não tinham nenhuma proteção. (Cerrato, 27)

Recebe do Senhor a moeda para pagar um barqueiro

(93) Quando frei Domingos percorria a região de Toulouse, fazendo a pregação, tendo de atravessar com muitos outros numa embarcação uma região alagadiça, o barqueiro lhe exigia como pagamento um denário. O homem de Deus lhe prometia o Reino dos Céus em recompensa pelo serviço prestado, acrescentando que ele era discípulo de Cristo e nunca levava consigo nem ouro nem prata. Mas aquele, ainda mais nervoso por causa disso, instava-o com insistência e o puxava com força pela capa, dizendo: "Ou me pagas o denário ou deixas comigo a capa". Então o homem de Deus, elevando os olhos ao céu e orando um momento em silêncio, viu em seguida no chão uma moeda e disse: "Eis um denário, pega-o e deixa-me em paz." (Cerrato, 28)

O frade faminto para o qual encontrou alimento

(94) Depois da visita à comunidade de Paris, o frei Domingos voltou à Itália acompanhado de um irmão cooperador chamado João. Este, ao passar pelos Alpes da Lombardia, começou a desfalecer pela fome, de tal maneira que não podia andar mais, nem se levantar, tanto era o cansaço. Mas o piedoso Pai lhe disse: "Que tens tu, filho, que não podes andar?". O frade respondeu: "Pai Santo, a fome se apoderou de mim". "Anima-te, filho – continuou o santo – caminharemos devagarzinho e chegaremos a um lugar onde poderemos encontrar alimento".

Mas, como ele dissesse que de modo algum podia dar mais um passo, pois desfalecia por completo, movido frei Domingos por sua grande compaixão e comovido pela aflição do frade, recorrendo ao seu refúgio de sempre, rezou ao Senhor e, dirigindo-se ao frade, lhe disse: "Levanta-te, filho, vai ali e traz o que lá encontrares. O frade levantou-se com muita dificuldade e, andando como podia, chegou ao lugar indicado, não muito distante, e encontrou um pão de maravilhosa brancura envolto em um pano alvíssimo. Apanhou-o e levou-o a frei Domingos, que lhe mandou comer o quanto quisesse.

Assim, comendo um pouco, o frade recuperou as forças. Tendo-lhe perguntado frei Domingos se a fome tinha desaparecido e se agora podia andar, ele, que antes nem podia se mover, respondeu que agora estava suficientemente saciado e que podia muito bem prosseguir a viagem. Frei Domingos lhe disse: "Então, filho, levanta-te, envolve o pão que sobrou no pano e coloca-o no lugar onde o encontraste".

Feito isto, prosseguiram viagem. Depois de terem andado um pouco, o frade ia refletindo consigo mesmo: meu Deus, quem trouxe aquele pão ali e de onde veio para aquele lugar? E eu nem procurei indagar sobre isso. Então disse a frei Domingos: "Pai santo, de onde veio aquele pão e quem o trouxe para lá?" Mas ele, como verdadeiro amante e da humildade, lhe respondeu dizendo: "Filho, comeste o que te fazia falta?" "Comi", respondeu o frade. "Pois se comeste o que necessitavas, dá graças a Deus, porque Ele o merece, e não se preocupes mais com isso".

Este frei João, a quem aconteceu esse fato, ao voltar na Espanha o contou aos frades. Ele mais tarde acompanhou os frades que, por mandato do Papa, se dirigiram à África para pregar a fé católica. Tendo chegado ao Marrocos, ele voltou ao Senhor, terminando de maneira feliz o seu caminho. (Vitae Fratrum, n.85)

O menino ressuscitado e a mãe dele curada das febres quartãs

(95) Quando o mesmo Pai, numa das suas viagens pela França, chegou ao povoado de Chatillon, aconteceu que o filho da irmã do capelão que o hospedou em sua casa caiu do telhado e sua mãe e os seus familiares o choravam morto. Compadecido deles, o frei Domingos prostrou-se em oração, derramando lágrimas, e foi ouvido por Deus, pois devolveu o menino curado a sua mãe. A tristeza, então, se converteu em alegria e o sacerdote, tio do menino, fez uma grande festa convidando muitas pessoas tementes a Deus. Como a mãe do menino não pudesse comer as enguias que todos os outros comiam, por se encontrar com febres quartãs, o bem-aventurado Domingos pegou um pedaço de enguia, abençoou-o e lhe entregou em nome de Cristo, di-

zendo: "Em nome de Nosso Senhor, coma". Ela comeu e no mesmo instante se sentiu curada da febre. (Vitae Fratrum, n.87)

Como entrou duas vezes no convento com as portas fechadas

(96) O bem-aventurado Pai chegou um dia a certo convento depois que todos os frades já se tinham deitado. Temendo atrapalhar o seu sono, prostrou-se com o seu companheiro diante da porta e rogou ao Senhor que, sem perturbar em nada o descanso dos religiosos, os auxiliasse naquela dificuldade. Admirável portento! Na mesma posição em que se encontravam fora da porta se viram dentro do convento.

O mesmo aconteceu quando debatia contra os hereges, junto com certo irmão da Ordem de Cister, homem de santa vida. Chegaram já no começo da noite a certa igreja e, encontrando-a fechada, puseram-se a orar perto da porta e, de repente, se viram dentro, passando depois a noite toda em orações. (Vitae Fratrum, n.94)

Proteção contra a tempestade

(97) Indo em certa ocasião de viagem, frei Domingos com frei Beltrão, que era homem de vida louvável e digno de crédito, por cujo testemunho foi isto comprovado, desencadeou-se repentinamente sobre eles um vento impetuoso com rajadas fortes, acompanhado de copiosos aguaceiros. E, embora caísse uma forte chuva, Domingos, com o sinal da cruz, fez com que aquela tempestade se afastasse dele, como se a cruz se tivesse transformado em abrigo. Assim nem uma gota das que caíam perto lhe tocou sequer a orla de suas vestes, enquanto a terra à sua volta era encharcada por aquela grande chuva. (Orvieto, 41)

Como conseguiu para um deão francês a continência da carne

(98) Um deão de França, ao ir a Roma, encontrou frei Domingos pregando em Módena. Recorrendo a ele, expôs-lhe o problema da salvação da sua alma, referindo-lhe pesarosamente, entre outras coisas, o que dizia ser para ele quase um naufrágio inevitável, isto é, a impossibilidade da continência nas tentações da carne, o que o fazia abster-se, quase desesperado, também de exercer muitas boas

obras. Então o homem de Deus confortou-o com a confiança divina de que estava cheio, dizendo-lhe: "Vai em frente e age com virilidade, e não desesperes da misericórdia de Deus. Eu pedirei ao Senhor para ti a continência da carne". Assim disse e assim aconteceu, como realmente se comprovou mais tarde. Com efeito, o que fora lascivo e sensual tornou-se casto e continente. (Orvieto, 59)

Com o fervor de sua oração consegue a volta de um frade que foi raptado do convento

(99) O próprio bem-aventurado Domingos tinha recebido na Ordem um jovem chamado Tomás a quem, por sua inocência e simplicidade, ele amava muito e os frades o chamavam 'o filho de frei Domingos'. Certo dia, alguns amigos dele, satélites do diabo, aproveitando uma oportunidade propícia, o arrastaram com violência e engano a uma vinha e, tirando-lhe a veste religiosa, vestiram-no de leigo. Ao saber disso, os frades foram ter com o frei Domingos, dizendo: "O vosso filho foi levado à força para o mundo por seus companheiros!" Imediatamente o santo entrou na igreja e prostrou-se em oração. No momento em que a camisa tocou o corpo do dito jovem, começou este a clamar fortemente, dizendo: "Isto queima!" E não conseguiram calá-lo, senão quando lhe tiraram a camisa e o vestiram de novo com o hábito de frade e o deixaram voltar para o convento. Ele viveu depois durante muitos anos, sendo um frade trabalhador e dando muitos bons frutos. (Vitae Fratrum, n.89)

Comunica em língua estrangeira

(100) É digno de referir também o que contou, com absoluta veracidade, o reverendo padre e senhor Rainiero, venerável Cardeal de Santa Maria in Cosmedin, no dia da festividade de São Domingos durante um sermão no convento dos frades na presença de alguns bispos e muitos clérigos. Aconteceu que, indo de viagem São Domingos, juntou-se a ele um religioso que, por sua santidade, parecia um dos seus, mas seu sotaque e idioma eram estrangeiros. Lamentando não poder conversar com ele sobre temas espirituais para animarem-se mutuamente, orou ao Senhor, que lhe concedeu a graça de que um entendesse a língua do outro. Foi assim que puderam conversar durante os três dias que caminharam juntos. (Humberto, 48)

Como passou a noite em oração com o vestido molhado

(101) Aconteceu muitas vezes que em viagem a chuva o surpreendia junto com os seus companheiros, encharcando as suas vestes. E, como os seus companheiros, depois da ceia, recorriam ao calor do fogo para secar as vestes e reconfortar os corpos, Domingos ardendo do fogo do Espírito Santo, ia, segundo o seu costume, orar na igreja e até passava toda a noite rezando com as vestes completamente molhadas. Mas, na manhã seguinte, enquanto a roupa dos outros, que ficara estendida ao calor do fogo, se encontrava ainda úmida, a sua estava seca como se tivesse ficado toda a noite num forno quente. (Orvieto, 42)

Como frei Domingos curou da febre três monjas

(102) Um dia frei Domingos chegou de improviso na grade do mosteiro e tendo chamado irmã Constança, que era encarregada da roda, perguntou como estavam as irmãs Teodora, Tetranna e Ninfa. Ela respondeu que as três irmãs estavam com febre, sobretudo irmã Teodora, que por causa da forte gripe precisou se deitar na cama

Frei Domingos lhe pediu: "Vai dizer a elas de minha parte de não ter mais febre". É preciso reparar que já este fato era um prodígio, sendo que ninguém o tinha avisado de que aquelas monjas estavam doentes, mas ele o sabia por inspiração de Deus. Enquanto Domingos esperava diante da grade, a monja foi às monjas enfermas e mandou, de parte dele, que não tivessem mais febre. Logo elas ficaram curadas de todo mal, levantaram da cama e começaram a andar pela casa sob o olhar maravilhado das demais irmãs. A monja voltou para comunicar a frei Domingos o que tinha acontecido e ele, dando graças a Deus, foi embora. (Cecilia, 9)

Frei Domingos liberta uma reclusa de uma horrível doença

(103) Vivia em Roma uma reclusa que se chamava Bona, muito santa e piedosa. Ela morava numa torre perto da Porta do Latrão, e uma outra mulher que se chamava Giacomina cuidava de suas necessidades. Frei Domingos tinha grande consideração para com aquela reclusa, devido à sua santidade, e muitas vezes a visitava, confessando-a e levando a Eucaristia. Esta santa eremita sofria de uma grave enfermidade: no peito e nos seios se formava continua-

mente uma grande quantidade de vermes. Se às vezes algum deles caía, ela logo o recolhia e o recolocava no seu lugar.

Um dia no qual, como de costume, frei Domingos tinha ido visitá-la levando-lhe a Eucaristia, sentou perto da pequena grade falando para ela palavras de consolo e de edificação espiritual. Depois pediu-lhe que lhe mostrasse o lugar do seu mal. Ela abriu a túnica sobre o cinto e lhe mostrou o peito e os seios cheios de vermes. Vendo aquela doença, o bondoso frei Domingos ficou muito triste e, cheio de compaixão, lhe disse: "Peço-lhe que me dê de presente um dos seus vermes". Mas ela não queria dar, a não ser sob a condição que ele o restituísse. Frei Domingos prometeu e então ela tirou do peito e entregou através da grade um desses vermes, muito grande e com a cabeça preta. Enquanto Domingos o segurava na mão e o revolvia para analisá-lo, o verme se transformou numa pedra preciosa muito bonita.

Vendo isto, os frades que o acompanhavam aconselhavam frei Domingos a não restituir a pedra preciosa à reclusa, mas ela começou a chorar, suplicando-lhe que devolvesse a pedra. Frei Domingos a entregou através da grade. Ela a pegou e com maravilha de frei Domingos e dos demais companheiros a recolocou no seio no lugar de donde a tinha tirada, e logo a pedra se transformou no verme de antes. Frei Domingos então deu-lhe a absolvição, abençoou-a com o sinal da cruz e foi embora.

Depois de sua saída, os seios carregados de vermes se desprenderam do peito, os vermes desapareceram, a ferida do peito ficou curada e começaram a crescer peitos novos, como a uma moça de doze anos. Depois de alguns dias, frei Domingos voltou a visitá-la e a encontrou curada. Ela mostrou a frei Domingos e a seus companheiros o lugar onde tinha ficado doente e os seios crescidos, e declarou a ele e a seus companheiros que o Senhor a tinha curado do seu mal pelos méritos dele.

Esse milagre foi relatado a irmã Cecília e demais monjas de São Sixto pelo próprio frei Domingos e pelo frei Tancredi que, tendo-o acompanhado, teve a oportunidade de ver e ouvir os fatos, assim como estão relatados. (Cecília, 12)

Uma reclusa teve o braço curado pelos méritos de frei Domingos

(104) Perto da igreja de Santa Anastasia morava outra reclusa que se chamava irmã Lúcia e que irmã Cecília, antes de entrar no mostei-

ro, tinha visitado várias vezes. Ela tinha no braço uma grave enfermidade que, corroendo-o continuamente, estava consumindo a carne e a pele mostrando o osso até a altura do cotovelo. Frei Domingos, indo a São Sixto, passava muitas vezes naquele lugar e lhe fazia visita. Um dia em que a visitara junto com frei Bertrando de Espanha e muitos outros, pediu-lhe que mostrasse o braço doente. Ela o mostrou e frei Domingos traçou sobre o braço o sinal da cruz, benzeu-o e foi embora. Assim, pelos méritos de frei Domingos ela ficou completamente curada.

Este milagre foi relatado a irmã Cecília e demais monjas pelos próprio frei Domingo e frei Bertrando, que naquela ocasião estava com ele e conseguiu ver e escutar o que aconteceu. (Cecília, 13)

14. Frei Domingos promotor de vocações para a Ordem

As duas primeiras vocações em Toulouse

(105) Aproximando-se a época em que os bispos começaram a dirigir-se a Roma para o Concílio de Latrão, apresentaram-se a frei Domingos dois homens de Toulouse, honestos e capazes. Um deles foi o frei Pedro de Seilan, que depois seria prior de Limoges, e o outro frei Tomas, homem de qualidades excelentes e de palavra fácil. O primeiro, frei Pedro, doou a frei Domingos e a seus companheiros a bela e nobre casa que possuía em Toulouse e nos arredores de Narbona. Foi a partir desse tempo que eles começaram a morar nessa casa de Toulouse. Todos os que moravam em sua companhia começaram a progredir na humildade e adotar as práticas da vida religiosa. (Libellus, 38)

São Domingos acolhe na Ordem mestre Reginaldo

(106) No mesmo ano, estando frei Domingos em Roma, aí chegou para embarcar para a Terra Santa mestre Reginaldo, decano de Santo Aniano em Orleans. Era um homem de grande renome, ilustre pela ciência, célebre pela dignidade e porque ocupara durante cinco anos a cadeira de Direito Canônico em Paris. Chegando em Roma, ele adoeceu gravemente. Não poucas vezes frei Domingos foi visitá-lo e o exortava a abraçar a pobreza de Cristo, entrando na sua Ordem. Ele

então afirmou de maneira livre e firme seu compromisso de ingressar na Ordem e selou o compromisso com um voto.

Não foi sem uma intervenção do divino poder que ele ficou livre do perigo de sua doença, que era muito grave, e quase sem esperança. De fato, entre os ardores da febre, viu aproximar-se a Rainha do Céu, Mãe de misericórdia, a Virgem Maria, e ungindo-lhe os olhos, o nariz, os ouvidos, a boca, o peito, as mãos e os pés com um maravilhoso bálsamo que ela trouxera consigo, lhe disse: "Vou ungir os teus pés com um óleo santo, para propagares o Evangelho da paz". E ao mesmo tempo explicou-lhe qual era o hábito completo da Ordem. Imediatamente Reginaldo ficou bom e foi tal a recuperação de todo o seu corpo que os médicos, já desenganados sobre a possibilidade de sua cura, ficaram admirados de ver o sinais de sua saúde. Frei Domingos contou este grande milagre a muitos que vivem até hoje. Uma vez, em Paris, eu estava presente quando o relatava a um grupo de pessoas. (Libellus, 56-57)

Vocação de frei Guilherme de Monferrato

(107) Frei Guilherme de Monferrato, sacerdote da Ordem dos Pregadores, relatou que mais ou menos dezesseis anos antes, foi a Roma para a Quaresma e se hospedou na casa do atual Papa, que na época era bispo de Óstia. Naquele tempo frei Domingos, fundador e primeiro Mestre da Ordem dos Pregadores, morava junto a Cúria romana e muitas vezes visitava o dito bispo de Óstia. Foi assim que ele o conheceu e gostando do seu jeito de ser, ficou amigo dele. Assim teve oportunidade de se entreter com ele sobre questões referentes à salvação dele e dos demais. Ele pôde constatar o quanto frei Domingos era uma pessoa religiosa e cheia de zelo para a salvação do gênero humano, mais do que qualquer outra das tantas pessoas religiosas que ele tinha conhecido.

Naquele mesmo ano, Guilherme foi a Paris para estudar teologia. Ele tinha combinado com frei Domingos que, depois de dois anos de estudo da teologia e depois de frei Domingos ter encaminhado o projeto da fundação da Ordem, os dois iriam para as regiões do norte para converter os pagãos. Enquanto ele estava estudando em Paris, frei Domingos chegou aí, vindo da Espanha. Na ocasião, Guilherme recebeu dele o hábito dos Pregadores e entrou na Ordem. Alcançou com frei Domingos muita familiaridade, ficando com ele muitas vezes e em vários lugares e acompanhando-o nas suas idas à Cúria romana e em outras viagens. (Processo B.,II,12)

Vocação de frei Estevão de Espanha

(108) Frei Estevão de Espanha relatou que, enquanto era estudante em Bolonha, mestre Domingos chegou à cidade e pregava aos estudantes e às demais pessoas piedosas. A testemunha começou a se confessar com ele e assim se estabeleceram laços de amizade entre os dois. Uma noite em que tinha programado cear em companhia de amigos na casa onde se hospedava, frei Domingos enviou-lhe dois frades com esta mensagem: "Frei Domingos pede-lhe que vá ter com ele logo". Tendo respondido que iria logo depois de jantar, responderam: "Não, você deve ir logo".

Ele levantou-se, deixando os amigos no lugar, e foi. No convento de São Nicolau encontrou frei Domingos junto com muitos frades. Frei Domingos disse aos frades: "Ensinai-o a fazer a vênia". Depois de ter feito a vênia, o jovem se entregou nas mãos dele que, antes de deixá-lo partir, o vestiu com o hábito dos frades Pregadores e lhe disse: "Quero lhe dar as armas com as quais por toda a vida poderás combater contra o demônio".

Naquele momento e também depois frei Estevão ficou muito maravilhado pela inspiração que levou frei Domingos a chamá-lo e a revesti-lo do hábito dos frades Pregadores. De fato, nunca lhe tinha falado antes da possibilidade de entrar na vida religiosa. Por isso ele está convencido que se tratou de uma inspiração divina.

Frei Estevão testemunhou também que frei Domingos era um excelente e perfeito consolador dos frades e das demais pessoas que estivessem tentadas. Ele sabe disso porque no começo de sua vida religiosa, quando ainda noviço, ele também sofreu de muitas e diferentes tentações e foi confortado pelos conselhos e as exortações de frei Domingos. Ele ouviu dizer que este fato aconteceu também a muitos outros noviços. (Processo B.,VII,36)

O que foi mostrado a um sacerdote que entrou na Ordem

(109) Um sacerdote, vendo frei Domingos entregar-se com entusiasmo, junto com seus irmãos, à pregação, desprezando as coisas terrestres e somente se preocupando com as espirituais, desejando com piedosa emulação imitar a vida deles, decidiu deixar tudo e se-

guir seu caminho. Isto, porém, se conseguisse um livro do Novo Testamento que julgava ser-lhe necessário para a pregação.

Estava ele pensando nisso quando apareceu um jovem que levava debaixo do braço um livro do Novo Testamento para vender, e o sacerdote comprou-o imediatamente com muita alegria. Mas aí sobreveio-lhe uma tentação e começou a hesitar se seria conveniente realizar o que tinha pensado. Como entrassem na sua imaginação os mais variados questionamentos, julgou mais acertado pedir um conselho divino através do próprio livro que tinha comprado. Encomendando-se à divina Providência com a mais piedosa intenção e fazendo sobre a capa do livro o sinal da cruz em nome do Senhor, abriu-o e dirigiu o olhar para o capítulo que se lhe oferecia. Deparou imediatamente com o trecho dos Atos dos Apóstolos onde o Espírito Santo fala a São Pedro: "Levanta-te, desce e acompanha-os, sem qualquer dúvida, pois fui Eu que os enviei" (At 10,20). Confirmado deste modo pelo oráculo divino, imediatamente, deixando tudo, os seguiu. (Orvieto, 28)

A vocação de mestre Conrado

(110) O que vou contar me foi comunicado pelo fidelíssimo testemunho do bispo Alatrini, homem venerável, quem por carta selada o comunicou também a frei João de Colônia, então prior dos frades da Província Romana, que o havia suplicado. Sendo ainda prior do mosteiro cisterciense de Casamari, indo à Alemanha enviado pelo Papa Honório, passou por Bolonha onde se deteve para cumprimentar o amado homem de Deus frei Domingos, com o qual havia estabelecido uma grande amizade quando se encontraram em Roma. Naquele tempo, havia em Bolonha um mestre chamado Conrado Teutônico cuja entrada na Ordem era vivamente almejada por todos.

Na vigília da festa da Assunção da Santíssima Virgem, frei Domingos estava com o mencionado prior de Casamari, pelo qual sentia um afeto especial, e conversavam sobre coisas espirituais. Confidencialmente lhe disse: "Confesso, prior, e isso não o tenho dito a ninguém e espero que tu também não o faças, que até hoje, Deus não me negou nada de quanto lhe pedi". Admirado pela confidência e conhecendo o desejo dos frades para o ingresso na Ordem do Mestre Conrado Teutônico, disse: "Então, Pai, pede que te dê para a tua Ordem o mestre Conrado, cujo ingresso tanto desejam os frades".

Respondeu Domingos: "Caríssimo irmão, pediste algo difícil. Mas se me acompanhas nesta noite na oração, confio que o Senhor não decepcionará nossas súplicas".

Depois das Completas, quando os frades já se retiravam, frei Domingos ficou na igreja em companhia do dito prior e passou toda a noite orando, conforme o seu costume. Depois da celebração solene das Matinas, quando ao amanhecer compareceram os frades para rezar a Prima, enquanto o cantor entoava o hino '*Iam lucis horto sidere*', eis que o mestre Conrado, realmente um novo astro de luz, apresentou-se de repente e, prostrando-se aos pés do bem-aventurado Domingos, pediu com insistência o hábito da Ordem e logo o conseguiu. Juntou-se em seguida aos frades. Deste modo, o Deus onipotente confirmou que as palavras e a oração de Domingos estavam cheias de sentido e de verdade. (Humberto, 58)

O noviço que frei Domingos libertou da tentação de deixar a Ordem

(111) No convento de Santa Sabina tinha um jovem noviço romano chamado frei Tiago que, vencido por uma forte tentação, já tinha decidido que depois das Matinas, quando teriam aberto as portas da igreja, ele teria escapado, deixando a Ordem. A questão tinha sido revelada a frei Domingos que, logo no fim do Ofício, o fez chamar e lhe falou com doçura, exortando-o e suplicando que não deixasse uma vida tão santa pelos falsos enganos do demônio, mas ficasse firme no serviço de Cristo.

O noviço, porém, ficava firme na sua decisão e se levantou, tirando o hábito e declarando que estava decidido a sair da Ordem. Então o bom pai, cheio de compaixão para com aquele jovem tão fortemente tentado, suplicou-lhe: "Meu filho, espera ainda um pouco e depois farás o que quiser." Ajoelhou-se e começou a rezar. Na ocasião deu para ver o quanto frei Domingos era aceito por Deus e com quanta facilidade conseguia Dele aquilo que queria. De fato, ainda não tinha terminado a oração, logo o frade tentado jogou-se aos seus pés num mar de lágrimas, suplicando-lhe de perdoá-lo e de lhe devolver aquele hábito que pouco antes, vencido pela violência da tentação, tinha tirado de si, e prometeu que nunca sairia da Ordem. Frei Domingos então o confortou e o revestiu outra vez do hábito da Ordem, exortando-o a não mais ceder às tentações, mas ficar firme no serviço de

Cristo. De fato, com a ajuda dos méritos do seu intercessor, ele viveu longamente e santamente na Ordem.

Quando amanheceu, frei Domingos voltou com seus companheiros a São Sixto. Na sua presença os frades relataram a irmã Cecília e demais monjas os acontecimentos de que tinham sido testemunhas. Frei Domingos confirmou sua narração e disse: "Minhas filhas, o inimigo de Deus queria roubar uma ovelha do Senhor, mas o Senhor a tirou de suas mãos." (Cecília, 6)

Como o Senhor, pelos méritos de frei Domingos, conservou um noviço na Ordem

(112) O próprio frei Domingos tinha acolhido na Ordem um jovem romano de aspecto muito agradável que se chamava Henrique. Ele era muito nobre pela origem, mas muito mais por suas virtudes. Quando souberam da sua entrada na Ordem os parentes decidiram raptá-lo e levá-lo de volta para casa. Frei Domingos, tendo sido informado desse propósito, enviou o noviço com alguns companheiros para outro convento fora de Roma. Seus familiares, porém, foram informados daquela fuga e foram atrás dele para raptá-lo. O noviço e seus companheiros tinham chegado perto do rio no lugar chamado Ponte del Quarto, na Via Nomentana, e tinham já feito a travessia, quando chegaram no outro lado do rio aqueles que os estavam perseguindo.

O noviço, vendo que os perseguidores já estavam perto, se encomendou a Deus pelos méritos de frei Domingos, pedindo ao Senhor de libertá-lo do perigo. Aconteceu assim o milagre que somente Deus pode fazer: quando aqueles que estavam perseguindo chegaram com seus cavalos perto do rio para fazerem a travessia, a água do rio cresceu tanto que ficou impossível passar. Maravilhados por tão grande prodígio eles voltaram atrás, deixando livre o noviço para seguir a sua vocação.

Quando os frades e o noviço viram que os perseguidores, vencidos pela maravilha, tinham desistido e voltado atrás, eles também decidiram voltar nos seus passos para ir reencontrar frei Domingos. Quando chegaram ao rio para atravessá-lo, logo o nível da água baixou deixando a passagem livre.

Este milagre foi relatado a irmã Cecília e demais monjas de São Sixto pelo próprio noviço que o protagonizou e pelos demais frades que estavam com ele. (Cecília, 11)

15. Frei Domingos e o dom da profecia

Profecia da morte do rei de Aragão

(113) Durante uma Quaresma, frei Domingos, estava exercendo o ministério da pregação em Carcassonne. Ele se hospedou na casa do bispo e ajudava em todos os assuntos espirituais que o vigário episcopal lhe encomendava. Agravando-se a guerra entre Simão conde de Montfort, por parte da Igreja, e o conde de Toulouse que queria fazer prevalecer seus direitos contra da Igreja, um converso da Ordem do Cister, homem piedoso, preocupado e cheio de pena por tudo o que estava acontecendo, recorreu a frei Domingos para lhe dizer: "Mestre Domingos, será que nunca acabará esta infeliz situação?". Frei Domingos, porém, ficava calado, mas o outro insistia em perguntar, pois sabia que Deus revelava a Domingos muitas coisas.

Frei Domingos então, na presença de frei Estevão de Metz, que na ocasião era seu companheiro e que depois divulgou o fato, disse: "Certamente, acabará a maldade dos tolosanos; porém o final está ainda longe. Derramar-se-á muito sangue e na guerra morrerá um rei". Pensando que se referisse ao rei da França que havia decidido, fazia pouco, solucionar o problema da heresia dos cátaros, acrescentou: "Não temam pelo rei da França porque se trata de outro rei. A sua morte acontecerá em breve". De fato, no ano seguinte o rei de Aragão, aliado do conde de Toulouse, caiu no campo de batalha. (Humberto, 56)

Como frei Domingos predisse a sua morte

(114) O bem-aventurado Pai visitou uma vez alguns estudantes de Bolonha, muito seus amigos e, ao despedir-se deles, entre outras coisas que lhes tinha dito, profetizou-lhes a sua morte, exortando-os ao desprezo ao mundo e à lembrança constante da morte. "Vós, caríssimos, ficai sabendo que eu não estarei muito tempo nesta vida mortal". E assim aconteceu: pouco antes da Assunção de Nossa Senhora, ele voltou ao Senhor. (Vitae Fratrum, III,XXVII)

Previsão do futuro de alguns frades

(115) Está confirmado por muitos testemunhos que frei Domingos teve conhecimento de muitas coisas futuras. Certa noite, quando estava rezando nas Catacumbas de Roma, ele teve uma visão. E

aconteceu que, regressando ao convento um pouco antes das Matinas, depois de tocar o sino, chamou os frades e, dando grandes suspiros e com voz entrecortada pelo choro, começou a lhes falar: "Irmãos, eis que Satanás caiu sobre vós para vos peneirar como trigo". Os frades choravam copiosamente pelo que ouviam, mas ele soluçava ainda mais que os frades. Por fim, pronunciou as palavras que profeticamente lhe tinham sido reveladas: "Chorai, irmãos – disse – porque dois de nós irão à verdadeira vida e outros dois à morte".

Espantados os frades por estas palavras, chorando mais fortemente, diziam entre si: Serei eu por acaso? E tudo se cumpriu como frei Domingos tinha anunciado: poucos dias depois, dois frades abandonaram a Ordem e outros dois, deixando o fardo do corpo, partiram para a vida eterna. (Vitae Fratrum, n.98)

Como profetizou a entrada na Ordem do clérigo que antes fora perseguidor da mesma

(116) Em Florença, um certo Hugo de Sexto, então padre secular e agora irmão idoso da Ordem dos Pregadores, desencadeou uma forte e tirânica perseguição contra a Ordem, pelo fato de ter sido confiada aos frades a igreja pela qual ele era responsável. Havia também na mesma paróquia uma mulher chamada Bene, agora irmã Benedita, convertida por frei Domingos. Pelo ódio que tinha aos irmãos, o dito clérigo repreendia fortemente esta mulher todos os dias. Como ela com frequência ia se queixar com frei Domingos este, para a consolar, disse-lhe mansamente: "Tem paciência, filha; fica sabendo que este que com tanta insolência está perseguindo a ti e à Ordem, em breve será um bom frade da Ordem e nela realizará muitos trabalhos, por muito tempo". Sua palavra foi confirmada pelo cumprimento de todas as coisas que tinha predito. (Orvieto, 52)

Como predisse a conversão de frei Raimundo que antes fora herege

(117) Quando frei Domingos pregava na região de Toulouse, sucedeu que foram presos alguns hereges e, convencidos por ele, como não quisessem voltar à fé católica, foram entregues ao tribunal secular e foram condenados a serem queimados. Ao ver entre os outros um certo Raimundo, chamado 'o gordo', como se enxergasse nele uma

luz da predestinação divina, frei Domingos disse aos oficiais do tribunal: "Reservai-me este e que de maneira nenhuma seja queimado com os outros". Voltando-se para ele, falou-lhe com brandura: "Meu filho, eu sei que, embora tarde, serás um homem bom e santo". Coisa maravilhosa e digna de perpétua memória! Ele, que tinha permanecido quase vinte anos na cegueira da heresia, iluminado pela graça de Deus, deixou as trevas e voltou à luz, tornando-se depois frade Pregador. E nessa mesma Ordem levou uma vida digna de louvor, até terminar ditosamente os seus dias. (Orvieto, 51)

A morte do Conde de Monfort que o Mestre Domingos previra

(118) No ano de 1217, os tolosanos revoltaram-se contra o conde de Montfort. Pelo que parece, o homem de Deus Domingos tinha de algum modo previsto esse fato. Numa visão apareceu-lhe uma árvore muito frondosa e agradável pela beleza, em cujos ramos pousavam muitos pássaros. A árvore foi abatida e os pássaros que nela pousavam fugiram. Compreendeu assim este homem cheio do Espírito de Deus que estava próximo o fim do conde de Montfort, grande e magnífico príncipe, protetor das pessoas humildes. (Libellus, 46)

Previsão da morte de um nobre cavaleiro em Segóvia

(119) Quando estava em Segóvia, frei Domingos quis, num dia de festa, propor a palavra de Deus aos conselheiros daquela cidade. Depois que os que estavam presentes escutaram uma mensagem enviada pelo rei, ele disse: "Meus irmãos, até agora vocês escutaram as ordens de um rei terreno e mortal. Agora escutarão os mandamentos do rei celeste e imortal".

Ouvindo isso, um homem, nobre conforme o mundo e cheio de espírito mundano, não somente se recusou de escutá-lo, mas falou palavras de escárnio: "Não é o caso que este palavreador nos segure aqui o dia todo, impedindo-nos de ir almoçar". Falando isso, montou a cavalo e dirigiu-se para a sua casa, que se encontrava bastante perto daquele lugar. Frei Domingos respondeu: "Você agora vai embora, mas antes do fim do ano seu cavalo não terá mais ninguém para montá-lo, porque você será morto antes de conseguir chegar até a torre que foi edificada para sua defesa.

Estas palavras foram com certeza inspiradas por Deus, e isso foi comprovado por aquilo que depois aconteceu: ainda não tinha terminado o ano quando aquele nobre cavaleiro, enquanto procurava se refugiar naquela torre que ele próprio tinha edificado para se proteger, foi morto com muita crueldade por seus inimigos, junto ao filho e a um primo. (Vitae Fratrum, n.91)

Profecia da crise e do retorno à Ordem de alguns frades

(120) Depois de ter recebido na Ordem mestre Reginaldo, o bem-aventurado Domingos foi para Espanha onde fundou duas casas: uma em Madri, que atualmente pertence às monjas, e a outra em Segóvia. Esta de Segóvia foi a primeira casa dos frades Pregadores na Espanha. Estando na Espanha, num lugar chamado Guadalajara, o demônio tentou alguns dos frades que estavam com ele, para que abandonassem a companhia desse santo homem. Este fato era conhecido pelo bem-aventurado Domingos já antes que acontecesse: ele teve a visão de um enorme dragão que com suas fauces abertas parecia devorar os frades que o acompanhavam. O santo homem, cheio do espírito de Deus, entendeu logo que um grave perigo de tentação diabólica estava ameaçando os frades. Ele comunicou-lhes a terrível visão e os exortou a resistir com firmeza ao tentador, que não pode devorar a ninguém que não se ofereça a ele livremente.

Depois de algum tempo, os frades, que na visão de pouco antes o dragão tinha devorado, foram devorados de verdade. Todos os que estavam com o bem-aventurado Domingos, menos três, quer dizer frei Adán e dois irmãos cooperadores, se deixaram persuadir pelo demônio e foram embora. O bem-aventurado Domingos interrogou os que tinham ficado se também eles queriam ir embora. Um deles respondeu: "Longe de mim, querido pai, que eu abandone a cabeça e siga os pés!" De fato, frei Domingos, sem manifestar-se indignado contra aqueles que tinham ido embora, mas movido pela compaixão, como era seu costume se refugiou na oração. Ele acabou recuperando pela oração aqueles que não tinha conseguido segurar com suas exortações. De fato, pouco depois quase todos, movidos pela graça divina, voltaram a ele. (Libellus, 40)

APÊNDICE

CAPÍTULO 1

DOCUMENTOS RELACIONADOS COM A VIDA E O CARISMA APOSTÓLICO DE FREI DOMINGOS

D/01 – Papa Inocêncio III aprova os Estatutos apresentados pelo bispo de Osma Martinho de Bazan para a reforma da comunidade dos cônegos regulares da catedral

Depois dos estudos em Palência, Domingos se ordenou padre e logo foi convidado pelo bispo de Osma Martinho de Basan a entrar na comunidade dos cônegos regulares do cabido da catedral de Osma. Para esta antiga comunidade o bispo Martinho tinha elaborado um novo Estatuto com o objetivo de promover uma sua reforma. É o tempo em que o clérigo Domingos se torna membro desta comunidade. Em documentos pertencentes à comunidade ele assina primeiro como 'sacrista' e depois como 'vice prior'. A permanência de Domingos no Cabido de Osma terminou em 1206 quando ele, junto com o novo bispo Diogo, se entregou à pregação aos hereges no sul da França.

"Ao bispo de Osma. Pelo dever do nosso ofício somos induzidos a promover a implantação da religião e favorecê-la onde já existe. Por isso é oportuno que se garantam o nosso patrocínio e apoio aos lugares religiosos, de tal maneira que, sob a nossa autoridade e governo, possam progredir e crescer continuamente.

De fato, soubemos por uma carta autenticada com sigilo seu e do nosso venerável irmão, o arcebispo de Toledo que, tendo o consenso unânime de todo o Cabido de

Osma, pela autoridade do acima citado arcebispo e também com o consentimento e conselho do nosso querido filho em Cristo, Afonso, rei da ilustre Castela, com decisão oportuna você estabeleceu que, conforme o que foi decretado pelos pontífices romanos Alexandre e Lúcio, de feliz memória, a partir de agora o Cabido de Osma tenha somente cônegos regulares e que nunca mais sejam aceitos nele cônegos prebendários ou seculares. Pudemos ver, na mesma carta, que você estabeleceu também várias outras normas.

Querendo então que o que você, com piedosa iniciativa, agora estabeleceu possa ter garantida uma oportuna estabilidade, nós o confirmamos pela autoridade apostólica. Com o presente documento apoiamos tais Estatutos. Na realidade poderíamos dizer 'restituímos' porque, como você afirma, estes Estatutos já foram fixados desde épocas bem antigas pelos pontífices romanos, na forma como foram redigidas por você e acolhidos pelo Cabido. Dado no Latrão, no dia 11 de maio de 1199." [1]

D/02 – O encontro de Montpellier com os pregadores enviados pelo Papa e o começo da pregação aos hereges do bispo Diogo e de Domingos

Este episódio, amplamente documentado nas Fontes dominicanas, representa um marco divisório na vida de São Domingos. Foi quando ele, seguindo o exemplo do seu bispo, deixou sua pátria e a tranquilidade da vida de cônego e se entregou totalmente à pregação nas regiões do sul da França 'infestadas' pela heresia dos Cátaros. Neste gesto generoso reconhecemos aquele mesmo Domingos que, quando jovem estudante em Palência, não hesitou em vender seus livros preciosos, tão necessários para seus estudos, para socorrer os pobres que morriam de fome. Ele realmente abandonou tudo e se entregou para o bem de seus irmãos. No discernimento do bispo Diogo sobre os apelos e os questionamentos dos hereges encontramos a exigência do testemunho de vida, sobretudo da pobreza evangélica, como condição de credibilidade e de eficácia da pregação. Esta exigência e este valor marcarão profundamente a espiritualidade de Domingos e de seus discípulos, e sua atuação apostólica.

---

1 V. Koudelka, *Monumenta diplomática Sancti Dominici*, MOPH, XXV-1966, n.1, 3-4)

"Nesta época Papa Inocêncio enviara com um Legado doze abades da Ordem Cisterciense para pregar a fé contra os hereges Albigenses. Estes, reunidos num Concílio com os arcebispos, os bispos e outros prelados daquela região, discutiam qual fosse o modo de executar mais frutuosamente a missão a que tinham sido enviados.

Enquanto os pregadores enviados pelo Papa achavam-se reunidos, eis que o nosso bispo de Osma passou por Montpellier, onde se efetuava a reunião. Vendo-o chegar, receberam-no com todas as honras e pediram-lhe conselho, sabendo que se tratava de um homem santo, prudente, justo e cheio de zelo pela fé. Homem circunspecto e conhecedor dos caminhos de Deus, ele começou por se informar dos ritos e costumes dos hereges.

Chamou a atenção para o modo como conseguiam atrair muitos para o lado da sua perfídia, com muitas discussões, pregações e com exemplos de fingida santidade. Vendo, ao contrário, o grande e excessivo luxo nos gastos, nos cavalos e nas roupas daqueles que tinham sido enviados a pregar, disse: 'Não é assim, meus irmãos, não é assim que, segundo eu penso, deveis proceder. Parece-me impossível que sejam reconduzidos à fé somente por palavras esses homens que estão apoiados sobre exemplos. Vede que os hereges arrastam as pessoas simples para os seus caminhos aparentando piedade e fingindo exemplos de sobriedade e austeridade evangélica. Assim sendo, se vindes agora ostentar o contrário, pouco edificareis, destruireis muito e de modo algum eles aceitarão. Arrancai um prego com outro prego. Desmenti a falsa santidade pela verdadeira prática da religião, pois a aparência enganadora dos falsos apóstolos só pode ser vencida por uma humildade autêntica. Assim é que São Paulo foi levado a se fazer insensato enumerando suas virtudes e gloriando-se pelas suas austeridades e pelos perigos que passou, a fim de desmascarar a arrogância daqueles que se pavoneavam de uma vida meritória'.

Disseram-lhe eles: 'Que conselho então nos dá, bom pai?' Respondeu-lhes: 'Fazei o que me virdes fazer.' E logo, atuando nele o Espírito do Senhor, chamou os seus e os mandou de volta para Osma com cavalos, alfaias e todo o aparato que trouxeram consigo, retendo apenas em sua companhia alguns clérigos. E comunicou que a sua intenção era de permanecer naquela região para propagar a fé.

Segurou também consigo o nosso sub prior Domingos, a quem muito estimava e com quem estava ligado por um grande sentimento de amizade. Este é frei Domingos, primeiro frade e fundador da Ordem dos Pre-

gadores que, desde então, começou a se chamar não mais subprior, mas frei Domingos. Domingos, verdadeiramente 'Dominicus': do Senhor, que se manteve inocente do pecado por amor do seu Senhor e zeloso em observar seus preceitos. Verdadeiramente Domingos, porque com todas as suas forças seguiu a vontade de Deus."[2]

D/03 – Papa Inocêncio III confirma o mandato da pregação no sul da França para o bispo de Osma Diogo e seus companheiros, entre eles, frei Domingos

Com este documento Papa Inocêncio III dá resposta uma espécie de escrúpulo, que certamente foi do bispo de Osma Diogo e do cônego Domingos e demais companheiros, de não se entregar à pregação contra os hereges nas regiões do sul da França sem ter uma autorização explícita da Santa Sé. Para esta pregação Diogo, Domingos e os demais companheiros pediram e receberam um mandato específico do Papa Inocêncio III, com uma Carta Apostólica enviada no dia 17 de novembro de 1206 a Radulfo, monge de Fonte Fria, Legado da Sé Apostólica. O Papa pede a Radulfo que comunique aos novos voluntários para a pregação sua plena aprovação e até o mandato da Sé Apostólica para um serviço tão necessário. Esta aprovação e este mandato antecipam a aprovação e o mandato da pregação que mais tarde será dado a frei Domingos e a seus frades pelo Papa Honório III. A carta foi assinada pelo Papa no dia 17 novembro 1206, na época em que Diogo e Domingos começavam sua missão entre os hereges.

"A Radulfo, monge de Fonte-Fria, Legado da Sé Apostólica. ...Ficamos sabendo, entre outras coisas, que na província Narbonense o número dos apóstatas se multiplica de tal maneira que, por causa da inércia da espada temporal, o poder espiritual é alvo de desprezo e nas terras católicas está se arrastando a corrupção das uvas selvagens. Enquanto isso, não há ninguém que se levante como baluarte da casa do Senhor, nem ouse expor-se na luta, para a proteção daqueles que ainda não caíram como chumbo no mar da pestilência, e para a recuperação, se for possível, daqueles que jazem na escravidão da cegueira. É verdade, porém, que a notícia da infâmia destes figos selvagens chegou aos ouvidos de alguns homens religiosos, estimulando sua coragem e in-

2 Libellus, n.19 e 21

duzindo-os a orientar contra os hereges a fonte de sua sabedoria, e a distribuírem sua água nas praças públicas, com fervor de espírito. Eles, porém, não tinham recebido de ninguém o mandato, e por causa disso não ousavam assumir de iniciativa própria o ofício da pregação, para não partilharem da condição de Datan e Abiton, que foram engolidos vivos na terra...

Nós, então, ordenamos e confiamos à sua discrição, com esta carta apostólica, que convoquem homens reconhecidamente capazes de realizar esta tarefa que a eles confiamos, de tal maneira que, imitando a pobreza do Cristo pobre, com aparência despojada, mas com ardor de espírito, procurem as pessoas que estão em necessidade. Ordene a eles que, para a remissão de seus pecados, procurem os hereges e com o exemplo de suas obras e o ensinamento da pregação, se Deus quiser, os tirem do erro. A menos que, eles (os hereges) não queiram permanecer na impudência da culpa. Neste caso poder-se-á dizer deles: 'Encararam-nos com a impudência da meretriz, não tiveram vergonha'. Os pregadores poderão então esperar o que o Evangelho promete: 'Não tenhais medo, pequenino rebanho, pois foi do agrado de vosso Pai dar-vos o Reino'. Ou os mesmos religiosos poderão conseguir o que afirma Salomão: "Aqueles que corrigem os caminhos de um homem têm maior merecimento do que aqueles que falam coisas que agradam as pessoas". E voltando com alegria, eles possam trazer uma messe abundante com as sementes que espalharam.

Dado no Latrão, no dia décimo quinto das calendas de dezembro, ano nono do pontificado."[3]

D/04 – A atuação de frei Domingos para a conversão dos hereges

As Atas de processos da Inquisição realizados no sul da França na década de 40 do século XIII nos deixaram um testemunho importante da atuação apostólica de frei Domingos para a conversão dos hereges e para a acolhida na comunidade cristã daqueles que se convertiam. As pessoas interrogadas transmitem a memória sobre fatos relacionados a frei Domingos acontecidos trinta e mais anos antes. Todas elas lembram com respeito a ação misericordiosa de frei Domingos nesta 'pastoral da reconciliação'.

3 Koudelka, n.4, 11-13.

"Ano 1243, dia 26 de agosto – Frei Ferrario interroga a testemunha juramentada Marquesa, esposa de Bertrando de Pruille, originária de Fanjeaux e agora morando em Prouille. Ela declarou que sua mãe Emergarda viajou de Fanjeux junto com a herege Turca e foi para Avellanet, onde se tornou herege e vestiu o hábito dos hereges. Então a testemunha (Marquesa) foi à procura da mãe e a acompanhou de volta à Fanjeaux. Ela abandonou a heresia e foi reconciliada por frei Domingos... Isso aconteceu trinta e dois anos atrás".

"Ano 1243, 26 de agosto – Ermergarda, esposa de Pedro Boer, testemunha juramentada, declarou que na casa de Canasta encontrou Hysarno de Castres e seu sócio, ambos hereges. Porém não lembra se viu outro alguém junto deles. Ela os 'adorou' e foi acolhida na heresia. Quem a recebeu foi o próprio Hysarno. Naquela época, os hereges viviam livremente na região. Isso aconteceu mais ou menos trinta anos atrás. Em seguida, ela foi reconciliada por frei Domingos".

"Ano 1245, dia 19 de maio – Segura, esposa de Guillherme Vital, testemunha juramentada, declarou o seguinte: quando era menina de 10 anos, foi induzida a se tornar herege e permaneceu na heresia por cinco anos, mas depois a deixou. Naquela época, os hereges viviam livremente em Manso. Ela disse também que acreditava que os hereges fossem realmente pessoas boas e sinceras e tementes a Deus. Ela escutou os hereges pregando que a hóstia consagrada não é o Corpo de Cristo. E a testemunha acreditava no que diziam. Não lembra de outras doutrinas erradas pregadas por eles. Depois, ela se confessou com outros pregadores e nunca mais teve contato com os hereges, nem deu a eles presentes, nem deles recebeu algo. Essa sua confissão foi sincera. Assim, frei Domingos a reconciliou da heresia. O bispo de Toulouse entregou-lhe, para usar, duas cruzes; mas ela não as usou por muitos dias, e muitas vezes as encobria".

"Ano do Senhor 1245, 22 de novembro – Braudrica, testemunha juramentada, declarou que viu os hereges vivendo livremente em Laurac e em Las Bordas, mas nunca os 'adorou', nem os viu serem 'adorados' por outros. Isso acontecia 35 anos atrás. Ela declarou também que seu pai Arnaldo Baudriga foi herege por sete anos e viveu no Montsegur; mas depois foi reconciliado por frei Domingos, da Ordem dos Pregadores, e voltou ao seio da mãe Igreja.

"Ano 1246, dia 28 de fevereiro – Willelmo Auterio, originário de Villapicta e agora de Castronovo Darrio, testemunha juramentada,

declarou que seu pai Raimundo Auterio e sua mãe Raimunda foram hereges, mas depois foram convertidos à fé católica e foram reconciliados pelo bem-aventurado Domingos e pelo abade de Villalonga. Isso aconteceu mais de trinta anos atrás. Eles receberam a carta de reconciliação. Mais tarde, porém, Raimunda voltou ao seu vômito, aderindo mais uma vez à heresia, e por causa disso foi queimada".

"Ano 1246, dia 12 de março – Willelma Martina, esposa de Wilhelmo Lombardi, testemunha juramentada, no que se refere à heresia declarou que, quando era jovem, conheceu muitos hereges (homens e mulheres) em Fanjeaux... Isso aconteceu mais de 30 anos atrás. Declarou também que se confessou a frei Domingos, da Ordem dos Pregadores, e recebeu dele a penitência de usar duas cruzes na parte anterior do vestido, por dois anos. Durante esses dois anos não podia comer carne, a não ser nos dias de Natal, Páscoa e Pentecostes. Ela cumpriu essas penitências e recebeu a carta testemunhal disso pelo frei Domingos, mas depois a perdeu, quando a cidade de Fanjeaux foi queimada pelo conde de Montfort.".

"Ano 1246, 15 de maio – Saura, irmã de Willhelme Bonet, testemunha juramentada, declarou que, na idade de 7 anos, tornou-se herege e permaneceu na heresia por três anos, vivendo em Villanova, junto com Alazaisia de Cuguro e suas companheiras hereges... Ela foi reconciliada por frei Domingos, da Ordem dos Pregadores; e já faz mais de 35 anos que foi reconciliada".

"Ano 1246, 8 de junho – Poncio Iaule, testemunha juramentada, declarou de ter sido herege por três anos, mas depois se confessou a frei Domingos, que lhe deu a carta de reconciliação, que infelizmente perdeu."[4]

D/05 - Carta de reconciliação de Pôncio Rogério, convertido da heresia

Este documento foi redigido por frei Domingos por volta de 1208, no começo da longa missão que ele desenvolveu no sul da França. Encarregado pelo legado papal Arnaldo Amauri do acompanhamento pastoral dos hereges que se convertiam e eram reintegrados na comunidade católica, com este documento oficial Domingos testemunha que Pôncio Rogério é "*convertido da heresia*" e, pela autoridade

4 *Atas dos processos da Inquisição*, em KOUDELKA, V. J. – *Monumenta*, 177-180

recebida do Legado, determina quais penitências o convertido terá que praticar, como caminho de expiação e como prova da sinceridade de sua conversão.

Temos de confessar que, devido a nossa sensibilidade 'moderna', ficamos bastante assustados pela severidade das penitências impostas ao convertido. Sabemos porém que elas faziam parte do sistema 'penitenciário' em uso na Idade Média para o sacramento da Reconciliação. As penas variavam, dependendo da gravidade das culpas perdoadas no sacramento. Na época de Domingos a heresia era considerada uma culpa gravíssima, uma 'perversão' que merecia castigos muito severos. As penitências impostas ao convertido tinham, então, uma função expiatória, como purificação e reparação das consequências negativas do mal perpetrado, mas tinham também um objetivo pedagógico, para que o pecador, e também os fiéis católicos, tomassem consciência da gravidade da culpa.

Este documento foi usado muitas vezes como prova da participação ativa de Domingos nas crueldades da Inquisição. Mas, a partir do conteúdo e das circunstâncias do próprio documento, podemos facilmente constatar que aqui estamos totalmente na contramão dos procedimentos e da lógica da futura Inquisição papal. De fato, a carta documenta a atuação pastoral de Domingos no processo de acolhida dos hereges que se convertiam e reconheciam seu erro e pediam para voltar ao seio da mãe Igreja. Ele lembra que estava presente no dia em que houve a abjuração do herege. Trata-se, então, de um belo testemunho da fecundidade da atuação apostólica de Domingos. De fato, era também graças ao exemplo e à pregação dele que muitos hereges se convertiam. Merece insistir que aqui estamos na contramão da lógica repressiva da Inquisição!

"Pela autoridade que nos foi conferida pelo senhor abade cisterciense Arnaldo, legado da Sé Apostólica, que nos confiou este encargo, reconciliamos o portador desta carta, Pôncio Rogério, que por graça de Deus converteu-se da heresia, e lhe mandamos que, em virtude do sacramento da reconciliação recebido, por três domingos ou dias festivos seja levado por um sacerdote, despido até o cinto, desde a entrada da cidade até a igreja, sendo flagelado.

Mandamos também que se abstenha, durante o ano todo, das carnes, ovos, queijo e de todos os derivados de carne. Só poderá comer estas coisas, como já permitimos no dia da abjuração, nas celebrações da Páscoa, Pentecostes e Natal. Durante o ano, ele deve cumprir três Quaresmas, abstendo-se de comer peixe. Três dias por semana se abstenha do peixe, azeite e vinho, a menos que esteja doente ou cansado pelo calor do verão. Ele tem de usar roupa de tipo religioso, quanto à forma e à cor, e costurar nela umas pequenas cruzes. Se achar oportuno, participe diariamente da Missa, e nos dias de festa assista às vésperas na igreja. Ofereça a Deus as horas do dia e da noite, em qualquer lugar onde se encontrar. Reze sete vezes por dia três Pai Nosso e vinte vezes à meia-noite. Observe plenamente a castidade e não saia da cidade de Trierium. Apresente-se cada mês com esta carta ao sacerdote, ao qual mandamos que acompanhe sua conduta com muito cuidado.

Tudo isso ele tem de observar fielmente até que o senhor Legado nos dê outras ordens. Se ele não observar todas estas coisas, mandamos que seja considerado como perjuro, herege e excomungado e que seja banido da comunidade dos fiéis."[5]

D/06 – Carta testemunhal para Raimundo Guilherme de Altaripa

Este documento foi redigido em 1215, quase na fase final da missão de Domingos junto aos hereges nas regiões do sul da França. A declaração, assinada por Domingos, representa mais um testemunho de sua atuação na pastoral da reconciliação e reintegração dos hereges convertidos. Trata-se de uma carta com a qual Domingos autoriza o leigo católico, curtidor de peles, Raimundo Guilherme de Altaripa, a acolher na sua casa um ex-herege em processo de readmissão na comunidade católica. Naquela época, se um católico dava acolhida ou apoio aos hereges era condenado com a mesma severidade com que se perseguiam os hereges. A declaração de Domingos tem a função de 'garantia', evitando que Raimundo, por causa deste gesto de acolhida, tivesse problemas com as autoridades religiosas e civis, e também junto à opinião pública.

Sabemos que o herege que se convertia ficava totalmente desamparado, abandonado e até perseguido pelos hereges, seus antigos companheiros de fé; e muitas vezes também pelos familiares. Este foi o caso das mulheres de Fanjeaux convertidas da heresia, graças à pregação de

5 Texto em V. KOUDELKA. – n.8, 16-18. .

Domingos.[6] Foi por causa disso que ele e o bispo Diogo organizaram a comunidade de Prouille: precisava garantir um amparo seguro a estas convertidas, abandonadas pelos hereges e muitas vezes hostilizadas também por suas famílias. Leigos católicos, animados por sentimento de solidariedade, acolhiam em suas casas hereges convertidos e às vezes ofereciam-lhes a possibilidade de trabalhar para ganharem o pão e reorganizar a sua vida. Um tal gesto de solidariedade, porém, podia tornar-se perigoso! A carta 'testemunhal' de Domingos tem o objetivo de proteger o generoso anfitrião de possíveis represálias. Temos então aqui mais um testemunho interessante daquela pastoral da misericórdia que Domingos exerceu por muitos anos, como complemento indispensável de sua pregação do Evangelho.

A Cruzada promovida contra os hereges pelo papa Inocêncio III, a partir de 1208, estava dando seus frutos amargos de ódio, destruição e morte. Os frutos de 'conversão' que, apesar de tudo, podiam registrar-se neste trágico contexto, com certeza não vinham da Cruzada. Eles vinham mais do exemplo e da pregação de Domingos e de seus poucos colaboradores.

"A todos os fiéis em Cristo que receberão esta carta, frei Domingos, cônego de Osma, humilde ministro da Pregação, deseja saúde e verdadeira caridade no Senhor.

Pareceu-me oportuno comunicar a cada um de vocês, por meio desta carta testemunhal, que Raimundo Guilherme de Altaripa, trabalhador de peles, está autorizado a acolher na sua casa perto de Toulouse, como já o está fazendo para outras pessoas, Guilherme Hugo que no passado, conforme ele próprio confessou, aderiu à heresia. Isto vale até quando, de minha parte ou pelo próprio cardeal Legado, forem comunicadas determinações mais específicas. E que este fato não seja para ele causa de prejuízo ou má reputação." [7]

D/07 - Frei Domingos consegue de Fulco, bispo de Toulouse, a Igreja de Prouille para as monjas

A fundação da comunidade de Prouille está profundamente ligada a atuação apostólica de frei Domingos no sul da França, sobretudo na região de Toulouse. A iniciativa desta fundação foi dele, junto

6 Cf. *Libellus*, n.27

7 Koudelka, n.61, 52-53

com o bispo Diogo, respondendo à exigência de garantir acolhida e proteção a um grupo de mulheres que se tinham convertido da heresia graças à pregação e ao exemplo de frei Domingos. Uma rica série de documentos da época nos mostra o protagonismo de frei Domingos na fundação e no governo desta comunidade, que se transformará no primeiro mosteiro de monjas dominicanas da Ordem e que, pela variedade de seus membros – que eram homens e mulheres, clérigos, religiosos e leigos – representa o primeiro núcleo na futura Família Dominicana. A comunidade, que foi apelidada com o nome significativo de 'Santa Pregação' foi objeto de numerosas doações de bens imóveis e de rendas que lhe permitiram, em poucos anos, constituir um rico patrimônio, indispensável para a manutenção das monjas enclausuradas. Neste documento, que foi redigido bem no começo da vida da comunidade de Prouille, em 1206, é registrado o ato de doação da igreja de N.S. de Prouille, com o terreno ao redor, ***"às mulheres convertidas pelos pregadores encarregados de pregar contra os hereges e de combater a pestilência da heresia"***. O ato de doação do bispo Fulco de Toulouse é uma resposta a um pedido explícito de frei Domingos.

"Que seja conhecido por todos aqueles que agora e no futuro lerão ou ouvirão dizer desta carta que eu, Fulco, pela graça de Deus humilde ministro da Sé episcopal de Toulouse, faço doação e concedo, com o parecer e a aprovação do senhor Mascaron, preposto de Santo Estevão, conforme o pedido de senhor Domingos de Osma, a igreja da Beata Maria de Prouille e o terreno existente ao redor desta igreja pelo espaço de trinta pés, conforme estabelecido pelo Direito canônico, às mulheres convertidas pelos pregadores encarregados de pregar contra os hereges e de combater a pestilência da heresia, presentes e futuras que vivem naquele lugar.

Dado no ano do Senhor 1206, sob o reinado de Felipe rei da França."[8]

D/08 - Doação do bispo de Narbona a frei Domingos para o mosteiro de Prouille

Temos aqui mais um dos documentos de doação de propriedades e rendas para a comunidade de Prouille: é o bispo Berengário de Narbona que doa *"à priora e às monjas recentemente convertidas pelas exortações e exemplos de frei Domingos de Osma e de seus companheiros"* a

8 Loenertz, Archives de Prouille, 39 ??????

igreja de Limoux com seus dízimos e rendas. Esta doação é feita e frei Domingos e a frei Guilherme Claret, mas em nome das monjas. O documento é um testemunho eloquente do protagonismo de frei Domingos na fundação e no governo desta comunidade feminina.

(07 de abril 1207) Em nome do Senhor. Seja conhecido por todos os que verão este documento que nós, Berengário arcebispo de Narbona, com a aprovação de Deus e o consentimento dos que nos assistem, doamos e concedemos livremente, em nosso nome e de nossos sucessores, para a redenção de nossa alma, à priora e às monjas recentemente convertidas pelas exortações e exemplos de frei Domingos de Osma e de seus companheiros, àquelas que agora aí se encontram e aquelas que estarão no futuro, tanto no burgo fortificado de Fanjeaux como na igreja da Beata Maria de Prouille, na diocese de Toulouse, a igreja de São Martinho de Limoux da nossa diocese de Razès, com todos os dízimos e as primícias do território de Taich... Nós com este documento estabelecemos esta posse para as monjas e, em nome delas, a frei Domingos e a frei Guilherme Claret..."[9]

D/09 – Simão de Montfort confirma uma doação para frei Domingos e a comunidade de Prouille

Um dos benfeitores mais generosos da comunidade de Prouille foi o conde Simão de Montfort, chefe da Cruzada contra os albigenses e grande amigo de frei Domingos. Ele doou muitos bens imóveis e rendas e aprovou com sua autoridade vários atos de doação ao mosteiro feitos por seus vassalos. Vários destes bens tinham sido sequestrados aos hereges no contexto da Cruzada contra os albigenses. A doação é normalmente feita a Domingos, cônego de Osma, em nome da comunidade de Prouille. Esta comunidade de Prouille é composta de "irmãos e irmãs": homens e mulheres.

"*(Maio de 1213) Seja conhecido por todos que eu Simão, senhor de Montfort, por graça de Deus visconde de Bézier e Carcassonne, com o consentimento de Alice minha esposa e de Amaury meu filho primogênito, em honra de Deus e da Beata Maria e para remissão de meus pecados, confirmo a doação de tudo aquilo que Hugo de Lascy, senhor de Laugurac, e Castelnodary tem oferecido ao senhor Domingos, cônego de Osma, e aos irmãos e irmãs de Prouille, agora e para sempre: quer*

9 Koudelka, n.5, 13-15

dizer, tudo aquilo que este senhor Hugo de Lascy possuía em Villeneuvette, entre Pexiora e Vollepinte."[10]

D/10 - Alguns leigos se doam a frei Domingos e à 'Santa Pregação' de Prouille

A doação de si e de seus bens a um mosteiro era uma forma de consagração religiosa bastante em uso entre os leigos na Idade Média, solteiros e também casados. O ato de doação era celebrado com um rito parecido com o da profissão religiosa. O leigo 'doado' estabelecia assim uma ligação de pertencimento espiritual e material à comunidade religiosa que o acolhia, renunciando a seus bens e se empenhando a colaborar com seu trabalho para a vida da comunidade. Em troca a comunidade lhe garantia o necessário para sua subsistência, o amparo em caso de doença e a participação nos bens espirituais da comunidade e da Ordem. Estes dois documentos testemunham de dois casos de 'doação' de suas pessoas e seus bens estipulados por pessoas leigas para a comunidade de Prouille. Podemos ver que esta comunidade, chamada de 'Santa Pregação', era bem variada: nela participavam homens e mulheres, clérigos, religiosos e leigos.

"08 de agosto 1207 – Seja conhecido por todos que nós, Ermengarda Guidolina e seu esposo Sans Gasc, com toda disponibilidade e boa vontade doamos e entregamos nós mesmos e todos os nossos bens a Deus, à Beata Maria, a todos os Santos de Deus, à Santa Pregação, ao senhor Domingos de Osma e a todos os irmãos e irmãs que estão agora e estarão no futuro."[11]

"(7 de maio 1212) Seja conhecido por todos que eu, Bernardo Católica de Barsa, movido pelo amor de Deus e da Beata Maria, de bom coração e com livre vontade, para a redenção da minha alma faço doação de minha pessoa e de meus filhos Pedro e Bernard a Santa Maria de Prouille e a você senhor Domingos, cônego de Osma. Nós colocamos nossas mãos entre as de você, beijando-as de joelhos. Eu faço doação de mim mesmo junto com meus filhos e de todos os bens móveis e imóveis aos irmãos e às irmãs, presentes e futuros e ao mosteiro de Santa Maria de Prouille... Eu Domingos, cônego de Osma, em meu nome e do mosteiro de Santa Maria de Prouille e de todos os irmãos presentes e futuros, lhe

---

10 Ibid., n.50, 44-45

11 Ibid., n.6, 15-16

recebo, Bernardo Católica como irmão, você e seus filhos Pedro e Bernardo e todos os vossos bens móveis e imóveis, presentes e futuros..."[12]

D/11 – Doação a frei Domingos de uma casa para acolher mulheres convertidas em Toulouse

Os anos em que frei Domingos viveu e trabalhou no sul da França, sobretudo na região de Toulouse, foram anos de muitas convulsões e desordens determinados pela guerra de religião da Cruzada contra os hereges, que criou muitos conflitos políticos e religiosos e problemas sociais e econômicos sem fim. Tudo isso tinha consequências trágicas para a vida do povo daquela região. Entre as vítimas de tudo isso temos as mulheres: se não eram casadas ou enclausuradas elas ficavam reféns da prepotência, da exclusão social e religiosa, e muitas vezes eram vítimas da exploração sexual dos homens.

A fundação da comunidade de Prouille responde à necessidade de garantir um amparo a mulheres convertidas da heresia que eram rejeitadas pela igreja cátara e pelos familiares e ficavam assim exposta a todo tipo de perigo. Foi com certeza para responder a estes problemas que frei Domingos organizou em Toulouse uma casa para acolher mulheres convertidas da heresia e ex-prostitutas. Para isso ele recebeu do bispo Fulco a doação do 'hospício' existente junto a porta de Arnaldo e constituiu um espaço feminino de acolhida e de amparo. Mais tarde, em 1217, o próprio Papa Honório III escreveu aos tolosanos, recomendando-lhes que ajudassem esta comunidade feminina que passava por graves dificuldades econômicas e o perigo de estas mulheres quererem voltar "às delícias do Egito" era muito grande.[13]

"(Toulouse, junho/julho de 1215) Em nome de Nosso Senhor Jesus Cristo. Seja conhecido agora e no futuro que nós, Fulco, pela graça de Deus humilde ministro da sé episcopal de Toulouse, com o consenso do senhor Jordão, abade de San Saturnino e do senhor Mascaron, prevosto de Santo Estevão, doamos o hospício que se encontra perto da porta Arnaus Bernard com todos seus direitos e propriedades a frei Domingos, cônego de Osma, em favor das mulheres convertidas e dos irmãos presentes e futuros que administram em nome delas os bens temporais e espirituais".[14]

---

12 Koudelka, n.29, 29-30

13 Ibid., n.80, 79-80

14 Ibid, n.64, 58

D/12 - Fulco, bispo de Toulouse, institui pregadores na sua diocese frei Domingos e seus companheiros

Este documento registra uma interessante iniciativa pastoral de Fulco, bispo de Toulouse. Para responder à urgente necessidade da pregação ao povo e aos hereges, dentro do território de sua diocese, Fulco decide de confiar a um grupo de sacerdotes a tarefa da pregação itinerante. Estes sacerdotes são o próprio Domingos e seus companheiros. Para que pudessem se dedicar plenamente a esta importante missão, Fulco tomou providências concretas para que fosse garantido aos pregadores o sustento material.

O estilo de ação destes pregadores é marcado pela pobreza evangélica, como condição de credibilidade junto ao povo e, sobretudo, junto aos hereges. Esse 'título de pobreza' garante também a eles o direito de receber da diocese parte dos recursos dos dízimos das igrejas que deveriam ser destinados aos pobres. De fato, eles também eram pobres *"...tendo escolhido, por causa de Cristo, a pobreza evangélica"*.

Esta iniciativa de se encarregarem nas dioceses pessoas aptas para se dedicar à pregação itinerante em breve, por decisão do Concílio de Latrão IV (1215), se tornará norma comum para todas as dioceses da Igreja. Podemos pensar que Fulco e Domingos tenham partilhado com os padres do Concílio esta experiência do grupo de pregadores itinerantes na diocese de Toulouse, e que possam ter inspirado a medida análoga que foi tomada para todas as dioceses. É certo que o mandato da pregação na diocese de Toulouse, bem na vigília da aprovação da Ordem, representou para Domingos e seus companheiros como um primeiro 'ensaio' e um primeiro reconhecimento daquele carisma da pregação itinerante que será próprio da nova Ordem.

"Em nome de nosso Senhor Jesus Cristo. Seja conhecido por todos, agora e no futuro, que nós Fulco, pela graça de Deus humilde servidor da diocese de Toulouse, com o objetivo de extirpar a perversidade da heresia, combater os vícios, ensinar a regra da fé e educar o povo para os bons costumes, estabelecemos como pregadores na nossa diocese frei Domingos e seus companheiros, que se propõem andar a pé, em pobreza evangélica, e pregar a Palavra da verdade do Evangelho.

E como o operário é digno do seu alimento, e a boca dos bois que trabalham no campo não deve ser amordaçada, o que prega o Evangelho deve viver do Evangelho. Por isso queremos que, enquanto se dedicam à pregação itinerante, recebam da Diocese o que precisarem para o alimento e para as outras necessidades. Com o consenso do Cabido da Igreja de Santo Estevão e do clero da diocese de Toulouse, destinamos de forma estável a estes pregadores e também aos outros que, pelo zelo apostólico e amor da salvação das almas se engajarem da mesma maneira no serviço da pregação, a metade da terceira parte do dízimo que está destinada para a ornamentação e construção das igrejas em todas as paróquias que estão sob a nossa jurisdição. Assim eles poderão ter o necessário para se vestir, e para quando estiverem doentes, ou precisarem descansar.

Queremos, porém, e decidimos que o que lhes sobrar no fim do ano, seja destinado para a ornamentação das igrejas, ou para as necessidades dos pobres, conforme parecer melhor ao bispo. Desta maneira, como justamente está previsto que uma parte dos dízimos seja normalmente destinada aos pobres, uma parte destes dízimos será destinada de preferência a estes pobres que, tendo escolhido por causa de Cristo a pobreza evangélica, com o exemplo e a doutrina procuram enriquecer a todos com a graça celeste. Assim aqueles para os quais nós destinamos bens materiais terão condições para distribuir os bens espirituais, em nome nosso e dos demais. Dado no ano da Encarnação do Senhor 1215, sendo Felipe rei da França, o conde de Montfort príncipe de Toulouse e Fulco bispo de Toulouse."[15]

D/13 – Apelo para a retomada da pregação na Igreja feito pelo Concílio de Latrão IV em 1215

No outono de 1215 Domingos acompanhou o bispo Fulco a Roma para participar do Concílio de Latrão IV, convocado pelo Papa Inocêncio III. Foi mais uma experiência marcante no seu itinerário de pregador e de fundador. No Concílio ele teve a oportunidade de constatar, pelo testemunho dos próprios bispos, que a 'fome' da Palavra de Deus no povo cristão e a falta de pregadores eram um problema geral em toda a Igreja. Os bispos confessavam humildemente suas omissões e negligências, e até a falta de preparo para a pregação ao povo, e mandaram que em cada diocese se encarregassem pessoas aptas a pregar a Palavra de Deus e ensinar a doutrina da fé ao povo.

Outra medida importante estabelecida pelos padres do Concílio foi a instituição de escolas de Gramática, Sagrada Escritura e Teolo-

15 V. KOUDELKA, *Monumenta*, n.63, 56-58

gia junto às catedrais e demais igrejas. Era uma medida importante para responder à exigência de uma adequada formação do clero e também dos leigos católicos contra as investidas dos hereges.

Sem o saber, os padres do Concílio estavam 'canonizando' o carisma que será próprio da Ordem que Domingos já tinha em mente de fundar.

"X – ***Instituição de pregadores nas dioceses****: Entre as coisas que se referem à salvação do povo cristão, sabemos que é sumamente necessário o alimento da Palavra de Deus. De fato, assim como o corpo material, também a alma espiritual precisa de alimento, sendo que o ser humano não vive somente de pão, mas de toda palavra que vem da boca de Deus. Acontece, porém, que os bispos, devido às suas múltiplas ocupações, ou pelas doenças, ou pela perseguição, ou por alguma outra razão – para não falar da ignorância, o que merece reprovação e não mais pode ser tolerado – não têm condições de eles mesmos ministrarem a Palavra de Deus ao povo cristão, sobretudo nas dioceses mais amplas e extensas.*

Por isso estabelecemos com esta constituição geral que os bispos encarreguem homens aptos ao exercício do ministério da santa pregação, que sejam eficazes pelos seus exemplos e palavras, que visitem em seu nome os povos que lhes forem confiados e que eles não conseguem visitar, que os visitem e os alimentem com a palavra e o exemplo de vida e possam administrar, quando for necessário, o que de que eles precisam, para que não aconteça que por falta dos meios necessários os povos desistam do caminho começado.

Por isso mandamos que nas igrejas catedrais e em outras menores, sejam encarregados homens preparados que atuem como cooperadores e substitutos do bispo, não somente no ministério da pregação, mas também no atendimento das confissões e na distribuição das penitências e outras coisas necessárias para a salvação das almas. Se alguém for negligente no cumprimento destas disposições, seja punido severamente."[16]

D/14 – O Concílio de Latrão IV proíbe a fundação de novas Ordens religiosas na Igreja

Tudo parecia confirmar para frei Domingos a convicção de que, propondo a fundação de uma nova Ordem de pregadores, ele estava

16 Koudelka, n.67, 61

no caminho certo. Mas apareceu um obstáculo inesperado: os padres do Concílio, na tentativa de pôr um freio aos grandes fermentos de renovação evangélica e social que sacudiam a Cristandade e que facilmente se tornavam movimentos de heresia, proibiram de fundar novas Ordens religiosas. Era uma medida de 'prudência', inspirada pelo medo e pela insegurança frente ao 'novo' que brotava por toda parte, na Igreja e na sociedade. Não podemos deixar de constatar o fato curioso de que a proibição de novas Ordens por parte do Concílio acontecia na contramão do Espírito que, exatamente naquele momento histórico, estava suscitando na Igreja dois grandes carismas: o de Francisco de Assis e o de Domingos de Gusmão!

Pareceu um golpe mortal para os sonhos de Domingos! Mas não foi assim. Podemos imaginar a angústia de Domingos frente a tal proibição. Ele tinha ido a Roma para pedir ao Papa a aprovação da nova Ordem que, com o seu carisma da pregação itinerante, já estava se moldando no território da diocese de Toulouse. Sabemos que Domingos, com a teimosia de bom castelhano, não desanimou: logo depois do Concílio, acompanhado pelo bispo Fulco, apresentou ao Papa Inocêncio o seu projeto da nova fundação. Podemos pensar, com bom fundamento, que ele tenha justificado seu pedido com a análise da 'fome' da Palavra de Deus que o próprio Concílio acabava de fazer, e com as medidas operativas da pregação itinerante e do ensino que tinham sido tomadas.

Com certeza o Papa Inocêncio entendeu a importância da proposta de Domingos, e ele próprio indicou o caminho para driblar o obstáculo da proibição de novas fundações: assumir uma das antigas Regras de vida religiosa e escolher normas de vida tiradas das Constituições das Ordens já aprovadas. No começo de 1216 Domingos voltou a Toulouse, reuniu os companheiros e juntos, com plena unanimidade, optaram pela Regra de Santo Agostinho e elaboraram também um projeto de vida comunitária, baseado em normas tiradas de outras Ordens, de maneira especial das Constituições dos cônegos Premonstratenses.

"XIII – ***Proibição de fundar novas Ordens religiosas****: Para evitar que uma excessiva diversidade de Ordens religiosas determine grave confusão na Igreja de Deus, proibimos a qualquer um, para o futuro, de criar novas Ordens religiosas. Se alguém quiser entrar na vida religiosa, escolha uma das que já estão aprovadas. Assim também, se alguém qui-*

ser fundar uma nova comunidade de vida religiosa, escolha a Regra e as Constituições de uma das Ordens religiosas já aprovadas..."[17]

D/15 – A aprovação e o mandato da pregação para frei Domingos e os frades Pregadores

Em setembro de 1216 Domingos voltou a Roma para apresentar ao Papa o projeto que tinha elaborado junto com sua primeira comunidade. O Papa Inocêncio tinha falecido em julho. O novo papa Honório III, que já conhecia Domingos, o acolheu com simpatia, aprovou o projeto e com a Bula "*Religiosam vitam*", datada a 22 de dezembro de 1216, confirmou a nova Ordem.

Pouco menos de um mês depois, no dia 21 de janeiro de 1217, com a Carta apostólica "*Gratiarum omnium largitori*", o Papa Honório III transmitiu a Domingos e a todos os membros da nova Ordem o mandato da pregação universal. Nesta Carta aparece pela primeira vez o nome da nova Ordem: "pregadores."

Esta 'carta apostólica' do Papa Honório III, junto com a Bula de confirmação da Ordem, é considerada o documento fundante do carisma da pregação para os filhos de São Domingos. Pouco menos de um mês antes, o Papa tinha confirmado a Ordem, permitindo a sua existência e aprovando também, implicitamente, a missão que ela se propunha a realizar na Igreja e no mundo. Agora era o próprio Papa que exortava e até mandava Domingos e seus primeiros discípulos que se entregassem totalmente à pregação! "*...exortamos e mandamos, por esta Carta Apostólica que, com a ajuda do Senhor, cada vez mais vos entregueis à pregação da Palavra de Deus, insistindo oportuna e importunamente, e cumprindo assim, de forma louvável, a tarefa da evangelização.*"

As palavras "*exortamos e mandamos*" representam uma ordem explícita, dada a Domingos a seus companheiros pelo sucessor de Pedro. Domingos não podia esperar confirmação mais explícita e firme, para a sua Ordem e para o seu carisma! Honório III estava dando provas de ter tomado consciência plena do precioso presente que Deus estava oferecendo para sua Igreja naquele momento tão problemático.

"Roma – Latrão, 21 de janeiro de 1217 – Honório, bispo, servo dos servos de Deus, aos amados filhos, o prior frei Domingos e os fra-

17 Ibid,, n.67, 63

des de São Romano, que são pregadores na região de Toulouse, saúde e bênção apostólica. Damos dignas ações de graças ao Doador de todos os dons pela graça que vos foi concedida, na qual estais e estareis até o final, como esperamos, porque, inflamados interiormente com a chama da caridade, difundis no exterior o perfume da boa fama que deleita as almas sãs e fortalece as débeis. Com elas vos mostrais como médicos diligentes que, para que as mandrágoras espirituais não permaneçam estéreis, as fecundais com a semente da Palavra de Deus através da vossa saudável eloquência. E assim, como servos fiéis, repartindo os talentos a vós confiados para que retribuam seu fruto ao Senhor, e como invictos atletas de Cristo, armados com o escudo da fé e o elmo da salvação, sem temer os que podem matar o corpo, andais com desprendimento ao encontro dos inimigos da fé, proclamando a Palavra de Deus, que é mais cortante que uma espada de dois gumes; pois assim, desprezando vossas almas neste mundo, as guardai para a vida eterna.

Além disso, já que só no fim se coroa o combate, e somente com a perseverança se consegue o prêmio reservado aos que com todas as suas forças correm no estádio, Nós, fazendo apelo à vossa caridade e associando isso à remissão de vossos pecados, exortamos e mandamos, por esta Carta Apostólica que, com a ajuda do Senhor, cada vez mais vos entregueis à pregação da Palavra de Deus, insistindo oportuna e importunamente, e cumprindo assim, de forma louvável, a tarefa da evangelização.

Dado em Latrão, no dia 21 de janeiro de 1217, no primeiro ano do nosso pontificado."[18]

D/16 – Bula papal de recomendação de frei Domingos e dos frades Pregadores

Respondendo ao pedido de frei Domingos, a Santa Sé não se limitou a permitir e confirmar a nova Ordem com o seu carisma da pregação, mas chegou até a mandar a frei Domingos e aos discípulos a realização desta pregação. Talvez nunca Domingos tivesse esperado tanto apoio por parte da autoridade suprema da Igreja para o seu projeto. Realmente a Santa Sé deu prova de ter feito próprio este projeto de Domingos, e o propagou, o apoiou e o defendeu com toda a força de sua autoridade.

18 Koudelka, n.79,78-79

Chegaram até nós muitas cartas apostólicas que testemunham esse 'protagonismo' da Santa Sé. A comparação entre as datas desses documentos e o calendário das várias estadias de frei Domingos em Roma nos permite constatar que as cartas apostólicas de recomendação do Papa Honório III foram redigidas durante as várias estadias de Domingos em Roma. Por isso, temos motivo de pensar que foi o próprio Domingos a solicitá-las, tendo consciência de que a novidade do carisma da pregação itinerante e da forma de vida religiosa da nova Ordem poderia suscitar suspeita, perplexidade e até oposição junto aos responsáveis das igrejas locais. Isto, de fato, aconteceu mais tarde.

Nestes documentos eles sempre são denominados de 'frades pregadores', declarando que eles foram enviados pela própria Santa Sé para exercer o ofício da pregação. O Papa mandava que fossem bem acolhidos, que lhes fosse garantido tudo o que era necessário para o seu ministério da pregação junto ao povo cristão. Apresentamos, a seguir, um exemplo destas dezenas de cartas apostólicas de recomendação para frei Domingos e seus frades.

Muitas dessas cartas são idênticas no conteúdo, mas cada uma delas registra e confirma a compreensão clara que a autoridade suprema da Igreja tinha alcançado, desde o começo, sobre a natureza e a grande utilidade para a vida da Igreja desse novo carisma: era o que a Igreja estava precisando para instruir o povo cristão na fé e lutar contra as heresias. Elas mostram também como a própria Santa Sé se fez promotora eficaz da difusão desse carisma.

Nas declarações dos Papas se destacam dois elementos importantes do novo carisma: o primeiro se refere ao estilo de vida dos novos frades, marcado pela prática da pobreza voluntária e da vida regular, na imitação de Jesus e da comunidade dos Apóstolos. O outro elemento é a itinerância apostólica, fora dos recintos tradicionais da vida contemplativa, para atender ao mandato da pregação que a própria Santa Sé tinha dado a Domingos e a seus discípulos. De fato, como está bem documentado, Domingos e os demais frades Pregadores exerciam o ministério da pregação não somente por uma opção pessoal, mas obedecendo a um mandato explícito que tinham recebido da Santa Sé.

"Honório bispo, servo dos servos de Deus, aos veneráveis irmãos arcebispos e bispos, e aos queridos filhos abades e demais prelados da Igreja aos quais chegar esta carta, saúde e benção apostólica.

Os queridos filhos... o prior Domingos e os frades da Ordem dos Pregadores, tendo presente que aqueles que escondem o trigo merecem a maldição do povo, estão semeando sem parar o seu trigo, quer dizer a palavra da pregação, que é alimento das almas, sobre muitas águas, quer dizer muitos povos. Tendo desprezado as amarras das riquezas mundanas para poder correr mais livres, e tendo abraçado a abjecção da pobreza voluntária, eles vão pelos campos deste mundo, no qual mais do que nunca abunda a sentina dos vícios. Vão chorando e lançando a sua semente para que, com a ajuda misericordiosa de Deus, possam trazer de volta com alegria seus feixes para a eira. O propósito santo e o ministério deles nós os consideramos muito necessário. Por isso pedimos encarecidamente a todos você, exortamos-lhes no Senhor, e com esta carta apostólica mandamos que pelo amor de Deus vocês os acolham para o serviço da pregação, de que são incumbidos..." [19]

D/17 – Carta de frei Domingos às monjas de Madri

Em 1218 Domingos foi para a Espanha. A Ordem já tinha sido fundada e novas comunidades estavam surgindo por toda parte. Assim, depois das dificuldades iniciais, a Ordem começava a lançar suas raízes também na península Ibérica. A acolhida generosa dos habitantes de Madri permitiu a Domingos reunir em comunidade algumas mulheres desejosas de se consagrarem ao serviço de Deus ao lado dos frades. Estava surgindo mais um mosteiro feminino.[20] Temos aqui registrada uma etapa do processo de fundação do ramo feminino da nova Ordem: o das monjas 'pregadoras'.

Por que monjas de uma Ordem apostólica? Na época de Domingos era impensável a ideia de uma mulher consagrada ativa no mundo, como vivem hoje as nossas irmãs de 'vida ativa'. O lugar da mulher casada era o lar doméstico, o da religiosa a clausura do mosteiro. Não havia outra opção. O próprio Domingos fundou o mosteiro de Prouille, mais tarde fundou o de São Sixto em Roma, e agora estava surgindo este de Madri. Antes de morrer, ele encaminhou também a fundação do mosteiro de Santa Inês, em Bolonha.

19 Ibid., n.109, 114

20 Em 20 de março de 1220 o papa Honório III enviou uma carta aos habitantes de Madri, agradecendo a generosidade com que estavam acolhendo e apoiando os Pregadores: cf. em Koudelka – Monumenta, n.117, 120-121

Graças à generosidade de vários benfeitores, foi possível construir para a comunidade de mulheres de Madri um mosteiro novo. Foi nesta ocasião que Domingos escreveu a carta que apresentamos aqui. Conforme V. Koudelka, tudo indica que a carta foi escrita de Bolonha em maio de 1220. Domingos encontrava-se na cidade universitária para a celebração do primeiro Capítulo da Ordem.[21] A comunidade de Madri estava começando a sua vida religiosa na nova casa e Domingos escreve fazendo, em tom firme e seguro, várias exortações e dando diretrizes bem concretas.

Ele se declara contente de saber do grande empenho que todas as monjas manifestam no caminho da santidade, exorta a combater o antigo inimigo com o jejum e a penitência, sem nunca desistir, lembra que agora elas dispõem de ambientes apropriados para sua vida regular, recomenda que respeitem o silêncio nos lugares e tempos estabelecidos, proíbe as saídas da clausura e a entrada no mosteiro de pessoas não autorizadas, recomenda a fidelidade na observância de todos os pontos da Regra: disciplinas, vigílias, obediência à prioresa etc. Defende também o critério da autonomia da comunidade, que não deve ficar condicionada pelas vontades de pessoas estranhas ao mosteiro: somente a prioresa com o seu conselho tem o direito de tomar decisões para a vida da comunidade. Nisso Domingos manifesta uma mentalidade bem aberta e... moderna, na linha da emancipação da mulher! Consciente, porém, do fato de que a comunidade está no começo de sua caminhada, confia-a aos cuidados espirituais, disciplinares e materiais de frei Mané, seu irmão, que tinha entrado na Ordem. Podemos ver, nas entrelinhas do texto, que a comunidade já tinha uma Regra que norteava e estruturava a sua vida. É provável que Domingos tenha entregado à nova comunidade a Regra do mosteiro de Prouille.[22]

No seu conjunto, este documento registra um momento significativo da atuação de Domingos como fundador do ramo feminino de sua Ordem. A carta testemunha com clareza o projeto que ele tinha para a vida religiosa feminina na Ordem. Encontramos aqui o sentido da vida religiosa como 'combate' contra o mal e o pecado, a afirmação dos valores da vida comunitária, da autoridade como serviço,

---

21 Cf. Koudelka, n.125, 126- 127

22 Cf. M-H. Vicaire, *Histoire de Saint Dominique, vol. 2°*, 121 ss.

da obediência como caminho do 'morrer a si mesmo', das regulares observâncias como meio de santificação. Encontramos a importância do silêncio e da clausura. Muito significativa a insistência de Domingos sobre a autonomia da comunidade de mulheres, contra qualquer tipo de ingerência externa e masculina. Isso, porém, não impede a iniciativa de oferecer à comunidade recém-constituída o apoio e o guia espiritual do próprio irmão de Domingos, o frei Mané, recém-recrutado para a Ordem.

"Frei Domingos, Mestre dos Pregadores, à dileta Priora e a toda a comunidade das Irmãs de Madrid, deseja saúde e progresso espiritual cada dia maior.

Sentimos imensa alegria e damos graças a Deus pelo fervor de vossa santa vida religiosa e porque o Senhor vos livrou da imundície deste século. Combatei, ó filhas, com a penitência, contra o antigo adversário (o demônio), pois não receberá a coroa da vitória senão quem tiver lutado com todas as suas forças.

Até o momento não tivestes um lugar idôneo para o desenvolvimento normal da vossa vida religiosa, mas hoje já não podeis dizer o mesmo e nem apontar isso como desculpa. Graças a Deus, hoje tendes à vossa disposição uma residência bastante adequada para a vida regular. Quero, portanto, que doravante seja observado o silêncio nos lugares estabelecidos pela Regra, como o refeitório, o dormitório, a capela. Em todos os demais lugares seja a vossa regra observada. Nenhuma religiosa ultrapasse os umbrais do mosteiro e que ninguém de fora entre, a não ser o bispo ou outro prelado, que venha em missão de pregação ou de visita canônica. Não vos poupeis nas mortificações ou nas vigílias de oração. Sede obedientes à vossa prioresa. Não tolereis a dissipação de bate-papos inúteis e não desperdiceis o tempo em futilidades.

Já que não temos possibilidades de vos ajudar com recursos materiais, não queremos, porém, sobrecarregar-vos, permitindo que a interferência de algum religioso vos force a admitir entre vós alguma candidata; somente a priora com seu conselho é que tem competência para decidir no caso em questão. Além do mais, o nosso caro irmão, que tanto se dedicou a vós e tanto se interessou para levar-vos a abraçar este santo estado de vida, já recebeu nossas orientações no sentido de tomar todas as providências que forem necessárias, e vos ajudar, conforme julgar melhor, de modo que possais viver o mais possível religiosa e santamente. A ele concedemos a faculdade de visitar vossa comunidade e, se for o caso, até mesmo de depor a prioresa. Isto, porém, sempre com o consentimento da maioria da comunidade.

Por último, autorizamo-lo também a dispensar-vos de algum ponto da Regra, a critério de sua discrição. Desejamos que passeis bem, em Cristo, Frei Domingos"[23]

D/18 - As 'Nove maneiras de Rezar' de São Domingos

Temos neste texto das "Nove maneiras de rezar" um documento precioso sobre um dos aspectos da intensa vida de oração de São Domingos: o das 'orações secretas. Tanto ele como os seus frades, desde o começo, celebravam de forma comunitária e solene o Ofício divino, conforme a prática que era comum às comunidades dos monges e dos cônegos regulares e que Domingos, cônego regular de Osma, instituiu também para a comunidade dos frades Pregadores. Junto com a oração coral, se tornou logo um costume nas comunidades da Ordem a prática das 'orações secretas'. Sobretudo à noite depois das Completas, os frades dedicavam um tempo para a oração pessoal, na igreja ou em outros ambientes do convento. Era o momento, profundamente contemplativo, do encontro pessoal do religioso com o Senhor.

São Domingos praticou muito esta 'oração secreta', passando boa parte da noite na igreja e também durante as longas caminhadas a pé no silêncio da natureza, nas suas múltiplas viagens apostólicas pelas estradas da Europa. O testemunho dos contemporâneos insiste muito em relatar esta dimensão importante da vida espiritual de Domingos: "*Com muita frequência costumava passar as noites em oração e, de portas fechadas, orava ao Senhor. Durante esse tempo, enquanto rezava, costumava dar vazão, com soluços e gemidos, aos sentimentos de seu coração, sem poder reprimir esse desabafo que se ouvia distintamente também de longe.*" (Libellus, n.13)

Às vezes alguns frades ficaram curiosos e passaram noites em 'espionar' para ver o que frei Domingos fazia durante estes longos

---

23 O texto foi publicado por Koudelka em Monumenta, cit. , doc. 125, 126-127. Sobre a data e lugar de redação da carta cf. Koudelka, ibid.. Cf. também: S. Tugwell, – *St. Dominic's letter to the nuns in Madrid*, AFP, 56 (1986), 12 ss.

tempos de oração pessoal, no silêncio da igreja. De fato, conforme a declaração de frei Jordão no Libellus, ele "*dedicava o dia aos irmãos e a noite a Deus*" (Libellus, n.105). Uma destas iniciativas de 'espionagem' foi confessada por frei Bonviso no seu testemunho ao Processo de Bologna: "*Frei Bonviso lembra que ficou curioso de saber o que frei Domingos fazia na igreja. Por isso várias vezes ficou observando-o às escondidas e o ouvia rezar ao Senhor em alta voz, entre lágrimas e fortes gemidos.*" (Processo B., IV,20). Também no 'Vitae Fratrum' encontramos relatada uma destas iniciativas de 'espionagem' da oração secreta de São Domingos: "*Um frade bom e discreto declarou que ficou acordado por sete noites para descobrir o que frei Domingos fazia de noite. Ele viu que enquanto rezava, às vezes ficava de pé, às vezes ajoelhado ou deitado no chão, e continuava a rezar até que o sono não o vencia. Quando acordava, ia visitando os altares da igreja até meia-noite.*" (Vitae Fratrum, n.77)

A redação primitiva do texto das 'Nove maneiras' foi feita no ambiente dominicano de Bolonha e se coloca por volta dos anos 60-80 do século XIII. Alguém afirmou que o nome mais apropriado das 'nove maneiras' deveria ser: 'As nove posturas corporais de São Domingos na oração'. De fato, o que chama a atenção é a grande movimentação corporal que acompanha as orações secretas de Domingos. Mas esta movimentação corporal é sinal externo de um processo de encontro e comunhão com a presença e o mistério de Deus que Domingos vive na sua oração e se concretiza também nos gestos corporais, porque todo o seu ser, espírito e corpo, participa desta experiência de encontro com Deus.

Depois do gesto de fé e de adoração, com a prostração frente da presença e da majestade de Deus (primeira maneira), frei Domingos sente a necessidade de humilhar-se e se purificar com a vênia e a flagelação, diante da majestade e perfeição de Deus, para se tornar mais digno deste encontro (segunda e terceira maneira). Purificado de seus pecados e imperfeições, frei Domingos estabelece um diálogo de amizade e intimidade com Deus, que se expressa com a genuflexão, os gestos das mãos, a postura de pé como sinal de familiaridade, a postura em forma de cruz, para se assimilar com o Mestre que se entregou para nós na cruz (quarta, quinta e sexta maneira). A sétima maneira representa o ponto mais alto e profundo deste processo de encontro e comunhão de frei Domingos com o mistério de Deus. Ele está de pé, com os braços levantados para o alto e todo o corpo estirado como uma flecha, como se um imã o atraísse para o alto, para outra dimensão. Nestes momentos se realiza a união de todo o seu ser em Deus e ele perde o contato com a realidade presente. Depois desta experiência de união com Deus, segue um processo de volta à realidade, representado na oitava maneira, em que frei Domingos, com um livro na mão, num ambiente de porta e janelas abertas, se dedica ao estudo e à meditação. É o momento do encontro entre o mistério e a sabedoria de Deus com a realidade concreta e com a sabedoria humana simbolizada no livro. É o momento do estudo e da meditação, que podemos definir a leitura dos sinais de Deus na realidade humana. A última maneira mostra Frei Domingos andando pelas estradas do mundo. É o momento do '*contemplata aliis tradere*', é quando ele vai à procura dos irmãos para transmitir a eles com sua vida e sua palavra a boa nova do amor de Deus, que ele está vivenciando na sua experiência contemplativa.

Nas 'nove maneiras' podemos reconhecer o grande interesse que reveste, também para o homem moderno, a experiência da oração 'integral', na qual todo o ser humano, espírito e corpo, participa do processo de busca e encontro com o Deus.

PRÓLOGO

Doutores como Santo Agostinho, São Gregório, Santo Hilário, Santo Isidoro, São João Crisóstomo, São João Damasceno, São Bernardo e outros piedosíssimos doutores gregos e latinos trataram longamente da oração. Eles a recomendaram e descreveram, mostraram sua necessidade e seus benefícios, explicaram seu método, sua preparação e seus obstáculos. Além disso, nossos gloriosos e veneráveis irmãos Tomás de Aquino e Alberto, da Ordem dos Pregadores, em seus diversos escritos, assim como Guilherme no seu tratado das virtudes, expuseram com nobreza, santidade, devoção e elegância, a maneira de rezar segundo a qual a alma se serve dos membros do corpo a fim de se elevar a Deus com mais fervor; de tal modo que a alma que anima o corpo, é por sua vez animada por este, e entra em êxtase como São Paulo ou então num santo arrebatamento como o profeta Davi. A este respeito, convém narrar o que fazia São Domingos, que recorria frequentemente a este tipo de oração.

É de se notar que também os Santos do Antigo e Novo Testamento rezavam assim algumas vezes. Na verdade, este método excita a devo-

ção, pela ação recíproca da alma sobre o corpo e do corpo sobre a alma. Graças a ele, São Domingos chegava a derramar copiosas lágrimas. E crescia-lhe a tal modo o fervor da vontade que ele não conseguia impedir que os membros do seu corpo manifestassem sua piedade por algum sinal inequívoco. Com que arroubos o seu espírito não se entregava então a pedidos, súplicas e ações de graças! Não falaremos aqui dos grandes movimentos de fervor que lhe eram habituais na celebração da Santa Missa e na recitação dos salmos. De fato, muitas vezes, no decorrer dessas funções sagradas, no coro como em viagem, ele era arrebatado de repente acima de si mesmo, perdendo-se em Deus, na companhia dos anjos. Mas eis aqui quais foram as suas outras maneiras de rezar.

Primeira maneira: A INCLINAÇÃO PROFUNDA

A primeira era a seguinte. Humildemente prostrado diante do altar, como se Jesus Cristo, representado por este altar, nele estivesse real e pessoalmente presente, e não apenas em símbolo, ele dizia: "Meu Deus, sempre acolhestes a oração dos homens humildes e mansos" (Jd 9,16). Pois não foi por causa de sua humildade que a Cananeia e o filho pródigo foram ouvidos? Quanto a mim, "não sou digno de que entreis debaixo do meu teto" (Mt 8,8); "mas eis-me aqui humilhado diante de vós, ó meu Deus" (Sl 146,6; 118,107). Depois de ter rezado deste modo, o santo Pai se levantava, inclinava a cabeça e, considerando com humildade o seu Senhor Jesus Cristo, comparando sua própria condição de escravo com a excelência do Cristo, fazia todo o seu ser manifestar-lhe a sua veneração. Ensinava os frades a proceder do mesmo modo cada vez que passassem diante de um crucifixo, sinal da humilhação de Jesus Cristo; a fim de que, humilhado tão profundamente como o fora por nosso amor, ele nos visse também humilhados diante de sua majestade.

Esta espécie de humildade, ele a pedia também, em honra da Santíssima Trindade, quando se cantava o versículo: "Glória ao pai, ao Filho e ao Espírito Santo". Este modo de se inclinar profundamente era o ponto de partida de suas devoções.

Segunda maneira: A VÊNIA

Muitas vezes também o bem-aventurado Domingos rezava inteiramente estendido, com o rosto colocado na terra. Nessas ocasiões, o seu coração se enchia de verdadeiros sentimentos de compunção. Vinham-lhe à mente os ensinamentos das divinas Escrituras, ele pronunciava então, com uma voz bastante alta para ser ouvida, esta palavra do Santo Evangelho: "Ó Deus, tende piedade de mim que sou um pecador" (Lc 18,13). E com piedade e temor, repetia este versículo de Davi: "Sim, pequei e cometi a iniquidade" (Sl 60,5). Ele chorava então e soltava grandes gemidos.

Em seguida, exclamava: "Não sou digno de erguer os meus olhos para o céu, por causa do tamanho de meu pecado, porque provoquei a vossa cólera, Senhor, e fiz o que é mal aos vossos olhos". E no Salmo "Ó Deus, nós ouvimos com nossos ouvidos", recitava com força e devoção esta mensagem: "Minha alma se acha humilhada até o pó, meu corpo se acha ligado à terra" (Sl 43,25); ou então estas outras palavras: "Minha alma está acorrentada à terra, ó meu Deus, restituí-lhe a vida, segundo vossa palavra" (Sl 118,25).

Quando se propunha ensinar aos frades com que temor respeitoso deviam rezar, ele lhes dizia: "Os Magos, estes reis tão devotos, entraram na casa e encontraram o Menino e sua Mãe; e prostrando-se, o adoraram' (Mt 2,11). Não há dúvida portanto de que encontraremos o Homem-Deus com Maria, sua serva. "Vinde, prostremo-nos diante de nosso Deus e adoremo-lo, choremos em presença do Senhor que nos criou" (Sl 94,6). Exortava também os mais jovens nestes termos: "Se não puderdes chorar vossos pecados, por não os terdes, pensai no grande número de pecadores que podem ser preparados à misericórdia e à caridade. Por eles gemeram os profetas e os apóstolos; por eles também Jesus, que os traspassava com seu olhar, chorou dolorosamente. Era assim que chorava o santo rei Davi, ao exclamar: "Vendo os prevaricadores, minha alma desfalecia de dor" (Sl 118, 158).

Terceira maneira: A DISCIPLINA

Por esse motivo, como sequência natural do que acabava de ser dito, ele se levantava para tomar a disciplina com uma corrente de ferro, dizendo: "Vossa disciplina corrigiu-me até o fim" (Sl 17, 36). Eis por que a Ordem determinou que todos os frades, em memória deste exercício de São Domingos, recebessem nos dias feriais, depois das Completas, a disciplina com vergadas sobre os ombros desnudos; e enquanto durasse, eles deveriam recitar devotamente o salmo Miserere ou o De profundis. Fariam esta penitência, quer por seus pecados pessoais, quer pelos de seus benfeitores, de cujas esmolas viviam. Por isso, nenhum deles por mais inocente que fosse, poderia fugir a esta prática.

Quarta maneira: A GENUFLEXÃO

A seguir, São Domingos caminhava para o altar ou para a sala do Capítulo. Ali, com os olhos pregados no crucifixo, ele o contemplava com uma incomparável penetração. Diante dele, fazia inúmeras genuflexões. Às vezes também, desde as Completas até o meio da noite, ora se erguia, ora se ajoelhava, como o apóstolo São Tiago. Tal como o leproso do Evangelho, dizia, com os joelhos em terra: "Senhor, se quiserdes, podeis curar-me" (Mt 8,2). Ainda ajoelhado como Santo Estevão, exclamava com força: "Não lhes debiteis esse pecado, Senhor" (At 7,59).

Nascia então em nosso pai São Domingos, um grande sentimento de confiança na misericórdia de Deus para com ele mesmo, para com os pecadores e para a perseverança dos frades mais jovens que ele enviava ao mundo a fim de pregarem o Evangelho. Acontecia-lhe, às vezes, não poder reprimir a sua voz. Os frades então ouviam-no gritar: "É para vós que eu clamo, ó meu Deus, não fiqueis surdo à minha voz, pois se guardardes o silêncio, tenho medo de me assemelhar aos que descem ao abismo" (Sl 27,1); ou outras palavras semelhantes da Sagrada Escritura.

Outras vezes ele falava para dentro de si mesmo e sua voz não era mais ouvida. Ficava então muito tempo de joelhos, com a alma arrebatada em Deus. E parecia até que sua inteligência penetrava o céu e, cheio de gozo celestial, enxugava as lágrimas que lhe escorriam pela face. Seu arrebatamento chegava então ao auge, qual um homem sedento que alcança a fonte, qual um viajante que chega enfim à pátria.

Cresciam sua animação e seu ardor, visíveis na rapidez de seus movimentos que, entretanto, conservavam toda a sua dignidade, quando ele se erguia ou se ajoelhava. Tão acostumado estava a dobrar os joelhos que, mesmo em viagem, nas hospedarias, enquanto os companheiros dormiam ou descansavam, ele voltava às suas genuflexões, como a uma arte e a um ministério particulares. E, por seu exemplo, mais do que por palavras, ensinava aos frades esta maneira de rezar.

Quinta maneira: DE PÉ, EM CONTEMPLAÇÃO

Quando no convento, o santo pai Domingos, às vezes, ficava também em pé, frente ao altar, sem procurar apoio, com as mãos estendidas diante do peito, a modo de um livro aberto. Assim procedia quando ficava de pé, com grande respeito e devoção, como se lesse na presença visível de Deus. Mergulhado então na oração, viam-no meditar a palavra de Deus, e como que repeti-la a si mesmo com suavidade. Adotara este costume para imitar o Senhor. São Lucas nos diz, com efeito, que, "segundo seu costume, Jesus entrou na sinagoga, em dia de sábado, e se levantou para fazer a leitura" (Lc 4,16). Disse ainda o salmista que "Finéias se levantou, dirigiu a Deus sua prece, e o flagelo cessou" (Sl 105,30).

Ora ele juntava as mãos, mantendo-as fortemente unidas diante dos olhos, ora as elevava à altura dos ombros, como o sacerdote costuma fazer ao celebrar a missa. Parecia apurar os ouvidos para melhor escutar uma palavra que lhe vinha do altar. Vendo a devoção com que rezava, assim de pé, a gente chegava a pensar num profeta em conversa com um anjo ou com o próprio Deus, ora falando, ora escutando, ora meditando em silêncio as revelações que lhe eram feitas.

Em viagem sabia reservar depressa e em segredo o tempo necessário à oração; e por assim dizer possuindo toda a sua alma, apressava-se a aplicá-la aos pensamentos celestiais. Era então possível a qualquer um ouvi-lo pronunciar, com uma doçura e delicadeza extremas, algumas suaves palavras extraídas do cerne e da riqueza da Sagrada Escritura. Na verdade parecia tê-las bebido nas fontes do próprio Salvador.

Testemunhas deste exemplo, os frades ficavam muito impressionados em presença de seu pai e mestre; e crescendo-lhes o fervor, eram maravilhosamente arrastados a uma oração admirável de piedade e constância, realizando assim esta palavra do salmista: "Como os olhos da escrava se acham fixos nas mãos de sua senhora, assim também os nossos olhos permanecem erguidos para o Senhor."

Sexta maneira: DE BRAÇOS ABERTOS

O santo pai Domingos era visto também, outras vezes, rezando com as mãos abertas e os braços estendidos em forma de cruz, de pé, com o corpo totalmente ereto. Foi assim que ele rezou, quando, a seu pedido, Deus ressuscitou o jovem Napoleão, na sacristia do convento de São Sixto em Roma. Assim também na igreja, quando se elevou acima do chão, enquanto celebrava a missa, como relata a piedosa e santa irmã Cecília que ali se achava, e que o viu, juntamente com muitas outras testemunhas. O mesmo fizera outrora o profeta Elias, quando ressuscitou o filho da viúva, depois de ter-se estendido sobre ele (1Rs 17,21). De modo semelhante rezou Domingos quando, perto de Toulouse, salvou alguns peregrinos ingleses que estavam prestes a se afogar no rio. Não foi assim que rezou o Senhor, pregado na cruz, com os braços estendidos, dando gritos poderosos acompanhados de lágrimas abundantes, e merecendo ser ouvido pela excelência de sua piedade? (Hb 5,7)

O santo homem Domingos só recorria a esta maneira de rezar quando, sob a inspiração de Deus, sabia que algo de grande e de maravilhoso ia acontecer, pela força de sua oração. Se não, proibia aos frades de rezarem deste modo; também, não os exortava a fazê-lo. Quando ressuscitou o jovem Napoleão, rezando com as mãos e os braços estendidos em forma de cruz, ignoramos que palavras pronunciou. Talvez tenha repetido a do profeta Elias: "Senhor meu Deus, eu vos peço que a alma desta criança retorne para dentro dela" (1Rs 17,21). Frades e religiosas, senhores e cardeais e todos que presenciaram esse milagre se lembravam bem da maneira com que rezou, para eles nova e realmente extraordinária, mas nenhum deles se recordava das palavras. E mais tarde, ninguém ousou interrogar nosso santo e admirável Domingos que, neste particular, inspirava a todos uma grande reserva.

Ele pronunciava lentamente, com gravidade e madura reflexão, as palavras do Saltério que mencionam este gênero de oração. Assim é que recitava com grande atenção o Salmo: "Senhor, Deus de minha salvação, a vos eu clamo dia e noite", até estas palavras: "E a vós invoco o dia inteiro, Senhor, e para vós estendo as minhas mãos" (Sl 87,2-10). Ou então este outro Salmo: "Senhor, ouvi minha oração, escutai as minhas súplicas", até estas palavras: "Ergo para vós minhas mãos suplicantes, apressai-vos em socorrer-me, Senhor" (Sl 142,1-6).

Assim, todo homem piedoso podia admirar, ao mesmo tempo, a devoção e a ciência de nosso pai, quando ele rezava deste modo, seja que quisesse como que exercer sobre Deus uma grande violência, pela virtude de sua oração, seja que, sob o efeito de uma inspiração interior, tivesse o sentimento de que Deus o impelia a pedir alguma graça singular, para ele mesmo ou para o próximo. Ele hauria então sua força na doutrina de Davi, no fogo de Elias, na caridade de Cristo, numa devoção inteiramente divina.

Sétima maneira: COM AS MÃOS LEVANTADAS PARA O CÉU

Muitas vezes também, era visto erguer-se com todo o seu corpo para o céu, à maneira de uma flecha que um arco bem retesado lança para o azul. Elevava acima da cabeça as mãos completamente estendidas, unidas uma à outra, ou ligeiramente abertas, como se estivesse recebendo alguma coisa do céu. Acredita-se que ele era então objeto de um acréscimo de graça e que, em êxtase, obtinha de Deus, para a sua Ordem, os dons do Espírito Santo; para si mesmo e para os frades, um pouco da suave alegria que se encontra na prática das bem-aventuranças e que faz que nos julguemos felizes nos rigores da pobreza, na amargura da dor, na violência da perseguição, na fome e sede de justiça, no exercício da misericórdia; e que nos mantém num alegre fervor para a observância dos preceitos e a prática dos conselhos evangélicos.

Nesses momentos, o santo Pai parecia penetrar, como que às escondidas, no Santo dos Santos, chegando até o terceiro Céu. Depois de uma oração como essa, se tivesse de corrigir algo, dar algum aviso ou pregar, ele se comportava realmente como um profeta. O santo Pai não rezava durante muito tempo dessa maneira e, ao retomar posse de si mesmo, parecia chegar de uma região longínqua, assemelhando-se a um estrangeiro, como era fácil de se notar por seu semblante e suas maneiras.

Algumas vezes os frades o ouviam rezar em voz alta e dizer como o profeta: "Escutai, Senhor, a voz de minhas súplicas, quando clamo para vós, quando elevo minhas mãos para o vosso Templo santo" (Sl 27,21). Por sua palavra e seu exemplo, não cessava de ensinar os frades a rezar deste mesmo modo, repetindo-lhes o Salmo "Bendizei o Senhor, vós todos os seus servos" (Sl 133); e este outro: "Senhor, a vós eu clamo, ouvi-me, inclinai vossos ouvidos à minha voz, quando vos invoco. Que minha oração suba diante de vós como o incenso, e a elevação de minhas mãos como a oferenda vespertina" (Sl 140,1-2).

Oitava maneira: A MEDITAÇÃO

Nosso pai São Domingos tinha ainda uma outra maneira de rezar, cheia de beleza, de devoção e de encanto. A ela recorria depois das horas canonicais e depois da ação de graças que segue ordinariamente as refeições.

Este bom pai, admirável de sobriedade e trasbordando do espírito de devoção, do qual se deixara impregnar pelas palavras divinas que se cantavam no coro ou no refeitório, procurava depressa um canto solitário, a cela ou qualquer outro lugar para ler e rezar, recolhido em si mesmo e preso em Deus. Sentava-se em paz e, depois de ter feito o sinal da cruz, lia algum livro aberto diante dele; sua alma experimentava então uma suave emoção, como se ouvisse o próprio Senhor dirigindo-lhe a palavra, conforme o que está escrito: "Ouvirei a palavra que o Senhor Deus dirá dentro de meu coração, etc..." (Sl 84,9).

E como se discutisse com alguém, parecia, ora não poder impedir suas próprias palavras e pensamentos, ora escutar uma voz, ora discutir e lutar. Viam-no rir e chorar alternadamente, fixar os olhos e baixá-los, depois falar baixinho e bater no peito.

Se algum curioso quisesse observá-lo em segredo, o santo pai Domingos parecia-lhe como Moisés, quando este patriarca, caminhando pelo deserto, chegou até a montanha de Deus, ao Horeb, contemplou a sarça ardente, falou com o Senhor e humilhou-se em sua presença. Não seria esta montanha de Deus a imagem profética do santo costume que tinha o nosso pai de elevar-se bem depressa da leitura à prece, da prece à oração, da oração à contemplação?

E enquanto lia na solidão, venerava o seu livro: inclinando-se para ele, beijava-o com amor, sobretudo quando se tratava do livro dos Evangelhos e quando lia as palavras que o próprio Jesus pronunciou com sua boca.

Outras vezes, escondia o rosto, cobrindo-o com a capa, colocando-o entre as mãos ou cobrindo a cabeça com o capuz. Então, ou derramava copiosas lágrimas sob o impulso de um temor ou desejo veemente; ou erguia-se um pouco fazendo uma inclinação de cabeça, como se quisesse agradecer a uma grande personagem por um benefício recebido. Depois, satisfeito e tranquilo, continuava a leitura.

Nona maneira: EM VIAGEM

Ele observava estas práticas de devoção quando viajava de um país a outro, particularmente quando se encontrava numa região solitária. A sua grande alegria estava em entregar-se à meditação e em reencontrar a contemplação. Pelos caminhos, às vezes dizia a seu companheiro: "Está escrito no profeta Oseias: 'conduzirei minha esposa ao deserto e lhe falarei ao coração' (Os 2,14). Por isso mesmo, afastava-se de seu companheiro, precedendo-o ou seguindo-o a curta distância. Assim, caminhava sozinho e rezava; e o fogo de sua caridade hauria na meditação um acréscimo de ardor. Acontecia-lhe, durante a oração, fazer gestos como se quisesse afastar alguma poeira ou alguma mosca importuna, e fazia frequentemente o sinal da cruz.

Na opinião dos frades, era rezando desta maneira que o santo adquiria aquela plenitude de conhecimento da Sagrada Escritura, penetrava no cerne mesmo das palavras divinas, aprendia as santas audácias da sua ardente pregação e vivia na íntima familiaridade do Espírito Santo, de onde lhe vinha o conhecimento das coisas ocultas."[24]

D/19 – Bula de canonização de São Domingos

Francisco de Assis, o grande amigo de frei Domingos, foi canonizado pouco mais de um ano depois da morte. Frei Domingos

---

24 Edição crítica de S. Togwell, *The nine ways of prayer of Sanit Dominic*, em Mediaeval Studies 47 (1985, 1- 124

somente 13 anos depois e isso não por iniciativa dos frades, mas do povo de Bolonha e do mesmo Papa Gregório IX, que ficou indignado quando soube do desleixo dos frades para o túmulo de frei Domingos e para o reconhecimento canônico de sua santidade. Ele próprio mandou instituir o processo canônico, primeiro em Bolonha e depois da região de Toulouse, para recolher os testemunhos sobre a santidade e os milagres daquele que ele considerava seu grande amigo, tendo-o conhecido em Roma e encontrado em outros lugares da Itália: *"Graças também à grande familiaridade que ele tinha conosco, quando ocupávamos um ofício mais modesto, nós já tínhamos as provas de sua santidade, tendo tido a oportunidade de admirar pessoalmente a sua vida"*. Gregório IX, naquela época ainda cardeal Hugolino, Legado apostólico no Norte da Itália, se encontrava em Bolonha quando frei Domingos morreu, e ele próprio celebrou as exéquias do seu grande amigo. A sua intervenção foi determinante para se chegar à canonização de frei Domingos em 1234.

"Gregório, bispo, servo dos servos de Deus, aos veneráveis irmãos, arcebispos e bispos e aos queridos irmãos abades, priores, arcediáconos, arciprestes, decanos, reitores e demais prelados das igrejas, aos quais chegará esta carta, saúde e benção apostólica.

O Senhor nosso Jesus Cristo, fonte da sabedoria, Verbo do Pai, cuja natureza é bondade, cuja ação é misericórdia, que redimiu e regenerou suas criaturas e até o fim dos tempos nunca abandonará a vinha que ele transplantou do Egito, para pôr remédio à fragilidade dos espíritos e dissipar a desconfiança dos incrédulos costuma perpetuar com sabedoria seus prodígios e multiplicar a variedade de suas maravilhas.

Foi assim que nas origens da Igreja nascente, morto Moisés, quer dizer terminada a validade da Lei antiga, o Senhor montou sobre os cavalos e as quadrigas dos Evangelhos que são as verdadeiras fontes da salvação e, querendo destruir a soberbia de Jericó, quer dizer a vanglória do mundo, entre a maravilha dos povos a venceu, só com o fragor da pregação. Desta maneira retomou nas mãos o arco da divina palavra que ele tinha manejado até que o judeu não fosse reduzido à impotência. Relembrando os juramentos que tinha feito aos nossos pais, abriu a seus cavalos uma via no mar, prefigurando no sinal purpúreo de Raab a salvação de inúmeras gentes.

À primeira das quatro quadrigas que, conforme a profecia de Zacarias, saem do meio de dois montes excelsos, estavam ligados cavalos vermelhos, que dizer, os príncipes dos povos e os poderosos da terra que pela sua submissão por meio da fé de Abraão, pai de todos os crentes, e conforme o exemplo do seu chefe e para reforçar os fundamentos do novo pacto, tingiram suas vestes a Bosra, quer dizer na tristeza e na tribulação, e avermelharam todas as suas insígnias de combate. Eles não tiveram medo da espada deste mundo e para conquistar a felicidade da glória futura, se tornaram mártires, quer dizer testemunhas. Com sua confissão subscreveram o livro da nova lei e com a demonstração pública de seus milagres, deram aval à sua fé. Assim eles tingiram o livro e o templo do Senhor, como também os vasos do ministério evangélico, não com o sangue dos animais, mas com o das vítimas humanas. Jogaram também a rede da pregação sobre toda a superfície do extenso mar e com o crescimento do seu número suscitaram para a Igreja muitos filhos em todas as nações que existem sob o céu.

Sendo, porém, que a presunção seguiu de perto a multiplicação do número e a malícia seguiu a liberdade, o Senhor enviou um esquadrão de cavaleiros, simbolizados na segunda quadriga com a cor que é própria daqueles que choram e fazem penitência. Eles, sob o mando de um novo auriga de Israel, São Bento, foram levados pelo Espírito no deserto do claustro. Sob a sua condução esta milícia, a semelhança dos filhos dos profetas sob a condução de Eliseu, baseando-se sobre uma bela convivência cheia de graça, restabeleceu o tesouro da vida comum que, devido ao número excessivo, tinha sido perdido. Consertou assim a rede rasgada da unidade e chegando com suas obras de piedade até aquela terra do Aquilão da qual se origina todo tipo de mal, fez descansar em almas cândidas como a neve e em corações constritos aquele que recusa morar em corpos submetidos ao pecado.

Depois deles, quase para dar revezamento ao próprio exército cansado e restituir a alegria depois do choro, o Senhor enviou a terceira quadriga, puxada pelos frades da Ordem Cisterciense e Florense, simbolizados pelos cavalos brancos. Estes, como rebanhos tosquiados e cheios de caridade para com Deus e o próximo, saíram do banho da penitência guiados por São Bernardo. Ele, como um carneiro na frente de seu rebanho, pela força sobrenatural do espírito divino de que era revestido, guiou suas ovelhas para os vales ricos de trigo. Durante essa marcha de mudança, antes de estabelecer no mar os acampamentos do Deus dos exércitos, eles puderam levantar sua forte voz ao Senhor, cantando a Ele o hino de gratidão. Graças a este tríplice exército o novo Israel conseguiu assim enfrentar as tropas inimigas organizadas pelos Filisteus.

Mas perto do declinar do dia, na hora undécima, quando pela abundância da iniquidade a caridade começava a se esfriar demais e o raio do sol de justiça ia ao seu ocaso, o Pai de família se deu conta de que sua vinha, plantada pelas suas próprias mãos, não somente estava invadida pelo mato e os espinhos do vício, mas estava prestes a ser destruída pelas raposas. Para debelar esta multidão perniciosa que visava transformá-la numa vinha selvagem e cheia de amarguras, determinou então constituir um exército mais ágil. Eis por que, como podemos constatar, depois da experiência das primeiras três quadrigas com seus símbolos variados, Ele fez avançar uma quarta, puxada por cavalos vigorosos, quer dizer as armadas dos frades Pregadores e Menores, guiadas para o combate por comandantes que Ele mesmo escolheu. Ele suscitou o espírito de São Domingos e lhe deu, como ao cavalo de sua glória, a firmeza da fé e o fervor da pregação divina, fazendo sair de sua garganta um forte nitrido.

Desde a infância ele teve um coração de pessoa madura e optando para viver na mortificação da carne, procurou o Autor da vida. De fato, tendo-se votado e consagrado a Deus como um nazareno sob a Regra do bem-aventurado Agostinho, imitou a Samuel no serviço assíduo do altar e completou as piedosas aspirações de Daniel na mortificação de seus desejos. Percorreu com fidelidade, como atleta incansável, as trilhas da justiça e os caminhos dos Santos. Nunca abandonou, nem por um momento, a casa do Senhor e seu serviço de mestre e ministro da Igreja militante, sempre submetendo a carne ao espírito e a sensibilidade à razão. Feito um só espírito com Deus, aplicou-se em procurá-lo nas elevações de sua alma, sem omitir-se na caridade para com o próximo, pela qual soube se dedicar de forma correta às obras da misericórdia.

Assim, vendo-o castigar os desejos a carne e fazer brilhar a luz nas duras mentes dos ímpios, toda a seita dos hereges ficou com espanto e a Igreja dos fiéis ficou feliz. Crescendo na idade, cresceu também na graça, e experimentava uma grande felicidade em se dedicar à salvação das almas. Entregou-se totalmente à pregação da palavra de Deus e com o Evangelho de Cristo gerou muitos filhos, ou melhor, uma verdadeira multidão que, seguindo-o em sua árdua vocação, se consagrou ao sublime ministério da evangelização. Isso lhe valeu nesta terra o nome e o ofício de patriarca.

Feito, assim, pastor e guia ilustre do povo de Deus, com seus méritos instituiu a nova Ordem dos Pregadores, edificou-a com seus exemplos e não deixou de confirmá-la com verdadeiros milagres. De fato, entre as obras maravilhosas de santidade e de poder pelas quais refulgiu quando ainda estava em vida, se enumeram várias curas: restituiu a palavra aos mudos, deu a vista aos cegos e o ouvido aos surdos, fez caminhar os paralíticos e restituiu a saúde a um grande número de doentes atormentados por diferentes enfermidades. Disto pode-se entender claramente qual sorte de espírito morava no barro daquele corpo santíssimo.

Graças também à grande familiaridade que ele tinha conosco, quando ocupávamos um ofício mais modesto, nós já tínhamos as provas de sua santidade, tendo tido a oportunidade de admirar pessoalmente a sua vida. Agora testemunhas qualificadas nos forneceram a plena certeza sobre a autenticidade dos milagres de que nos tinham falado. Por isso nós e o rebanho que foi confiado ao nosso cuidado temos confiança de poder ser amparados pela misericórdia de Deus, por intercessão daquele que, depois de ter-nos consolados na terra com sua grata amizade, nos dará do céu a alegria de sua poderosa intercessão.

Com o conselho e a aprovação de nossos irmãos e de todos os prelados atualmente presentes junto a Sé Apostólica, decretamos então que seja inscrito no catálogo dos Santos e ao mesmo tempo decretamos e ordenamos a todos vocês, com a presente carta, de celebrar e fazer celebrar solenemente seu nascimento ao céu no dia 5 de agosto, vigília do dia em que ele, depondo o peso da carne, entrou rico de méritos na sociedade dos Santos, feito parecido com eles pela glória. O Senhor que ele honrou quando estava em vida, pela intercessão de suas orações nos dê a sua graça nesta vida e a sua glória na vida futura.

Desejando também que o venerável sepulcro desse grande confessor, que ilumina toda a Igreja com o fulgor de seus milagres, seja dignamente frequentado e honrado pela devoção dos cristãos, confiando na misericórdia de Deus onipotente e na autoridade de seus Apóstolos, os bem-aventurados Pedro e Paulo, com satisfação concedemos um ano de indulgência a todos os fiéis que, confessados e sinceramente arrependidos, o visitarão com a devida devoção e reverência a cada ano no dia de sua festa. Dado em Rieti, no dia 3 de julho 1234, do ano oitavo de nosso pontificado". [25]

25 Togwell, S. – MOPH 30, Romae. Ad S. Sabinae, 2008, 565-575

CAPÍTULO 2

ORAÇÃO AO BEM-AVENTURADO PAI DOMINGOS

O texto desta bela oração a São Domingos é atribuído a frei Jordão de Saxônia. Parece que foi redigido logo depois da sua canonização (1234). Mais tarde foi inserido no Ofício da festa litúrgica de São Domingos. O autor do texto expressa toda a devoção filial, dele e dos demais membros da Família Dominicana para com o fundador da Ordem. Expressa a plena confiança na promessa que Domingos fez a seus frades antes de morrer: de ser mais útil lá no céu do que o foi aqui na terra.

Sacerdote santíssimo de Deus, confessor admirável, Bem-aventurado pai Domingos! Tu que és puro, eleito do Senhor, querido e amado por Deus com predileção. Tu que és glorioso pela vida, pela doutrina, pelos milagres! Nós nos alegramos em possuir-te por intercessor, junto ao Senhor, nosso Deus.

A ti a quem, entre todos os santos e escolhidos de Deus, consagro uma especial devoção, quero clamar, do íntimo de minha alma, neste vale de misérias. Eu te suplico, ó pai bonissimo, que socorras a minha alma pecadora, sem virtude e sem santidade, manchada que está de muitos defeitos e pecados.

Acode à minha alma culpada e triste, ó alma bendita e feliz deste homem de Deus, enriquecida pela copiosa benção da graça divina! Tu não só foste elevado ao descanso ditoso, à mansão da paz e à gloria celestial, mas quantos não foram atraídos a essa mesma bem-aventurança pelo admirável exemplo de tua vida, animados pelos teus suaves conselhos, instruídos pela tua sã doutrina, imantados por tua palavra de fogo. Sê-me, pois, propício, ó Bem-aventurado Domingos, e inclina os teus piedosos ouvidos à voz de minha súplica.

Minha alma pobre e indigente em ti se refugia e prostra-se em tua presença com a maior humildade. Minha alma débil arrasta-se penosamente aos teus pés. Minha alma agonizante com todas as forças te suplica que te dignes, com teus poderosos méritos e a tua clemente intercessão, vivificá-la, curá-la e cumulá-la com o dom de tua benção trasbordante. Eu sei, eu tenho plena certeza que tu podes fazê-lo. De tua grande caridade, espero que o queiras. Eu confio que alcançarás quanto pedires da imensa misericórdia do Salvador.

Sem sombra de dúvida eu creio que nada te negará Jesus Cristo, teu íntimo amigo, teu amado e entre todos escolhido. Dele, que embora teu Senhor e Deus, é no entanto teu amigo, obterás tudo o que quiseres. O que poderá o amado negar a quem tanto ama? Quem não retribuirá a quem tudo abandonando entregou-se a si mesmo e tudo o que é seu? Assim o cremos e eis o motivo de nosso louvor e veneração.

Desde a idade mais tenra, consagraste tua virgindade ao esposo das virgens; aformoseado pela água batismal e adornado pelo Espírito Santo, ofereceste a tua alma ao Rei dos reis, no altar do mais casto amor. Nutrido na vida cristã desde o princípio, encaminhaste teus passos para as alturas da santidade. Crescendo de virtude em virtude, avançaste sempre no caminho da perfeição. De teu corpo fizeste uma hóstia viva, santa e agradável a Deus. Instruído pela doutrina do Alto, inteiramente te consagraste ao Senhor. Tomaste resolutamente o caminho da santidade, desprendendo-te de tudo o que é temporal, para seguir o Cristo despojado, preferindo antes juntar tesouros para a vida eterna do que para a vida presente. Renunciando-te a ti mesmo e tomando corajosamente a tua cruz, procuraste imitar os exemplos de nosso Mestre e Redentor. Devorado pelo zelo de Deus e pelo fogo do Alto, te consagraste ao serviço da vida apostólica, incitado por tua imensa caridade e obedecendo a teus anseios de perfeição evangélica, e para tão nobre fim é que fundaste a Ordem dos Pregadores, realizando assim os desígnios de Deus. Com teus gloriosos méritos e exemplos iluminaste a Santa Igreja espalhada por todo o universo. Deixando esse cárcere do corpo, subiste gloriosamente à pátria dos eleitos. Cingido com a veste da glória, estás diante do trono de Deus para interceder por nós.

Rogo-te, pois, que me ajudes a mim e a quantos me são caros. Como também a todo clero, ao povo todo a ao piedoso sexo feminino. Tu, que com tanto zelo, anelaste pela salvação do gênero humano. Entre todos os santos, és minha esperança e meu consolo, depois da Bem-aventurada Rainha das Virgens. De ti me socorro. De ti me acerco. A teus pés me prostro.

Suplicante, invoco-te e imploro como Patrono; a ti me recomendo com devoção. Digna-te, pois, eu te peço, receber-me, guardar-me com bondade, para que, ajudado pela tua proteção, mereça alcançar a desejada graça de Deus, encontrar sua misericórdia e obter, enfim, para minha salvação, os remédios da vida presente e futura.

Alcança-me tudo isso, ó Mestre, alcança-me. Que tudo isto me seja dado, eu te suplico, ó chefe ilustre, ó glorioso pai, Bem-aventurado Domingos. Socorre-me, eu te rogo e a todos que te invocam. Sê para nós verdadeiramente Dominicus, guarda vigilante do rebanho do Senhor.

Vela sempre por nós e conduz aos que a ti se recomendaram. Corrigi-nos e, corrigidos, reconcilia-nos com Deus. Depois deste exílio, apresenta-nos jubilosos ao Senhor e ao Nosso Salvador Jesus Cristo, Filho muito amado e Altíssimo de Deus, cuja honra, louvor, glória, gozo inefável e eterna felicidade, com a gloriosa Virgem Maria e toda corte dos moradores celestes, permanecem sem fim pelos séculos dos séculos.[1]

1 Edição crítica de H. Scheeben, em ASOP 18 (1928), 564-568

Bibliografia das Fontes da Ordem dos Pregadores

ATOS FRANCISCO

Atos do Bem-aventurado Francisco e seus companheiros. Fontes Franciscanas, Ed. Mensangeiro de Santo Antonio, 2004

B. GUI:

Bernardi Guidonis scripta de Sancto Dominico, ed. S. Togwell, MOPH, 27, Roma 1998, 93-108

CECILIA:

Milagres de São Domingos da beata Cecília: A. M. WALZ, *Die "Miracula Beati Dominici der Schwester Cecilia"*, AFP, 37 (1967)

CELANO- 2

Tomás de Celano – *Segunda vida de São Francisco*, Fontes Franciscanas, Ed. Mensangeiro de Santo Antonio, 2004

CERRATO:

R. de Cerrato, *Vida de Santo Domingos de Gusmán*, em D. Carro, *Domingos de Gusmán, história documentada*, Madrid, O.P.E. 1973, 775-801

CRÔNICA S. INES:

Crônica do mosteiro de Santa Inés de Bolonha: em G. Cambria – *Il monastero domenicano di S. Agnese in Bologna*, Storia e documenti, Bologna 1973, 226-231

ETIENNE DE BOURBON:

Etienne de Bourbon, *Tractatus de diversis materiis praedicabilibus*, ed. J. Berlioz, Centro italiano di Studi sull'alto Medioevo, Spoleto 1995, 269-299

FERRANDO:

Ed. S. Togwell, *Petri Ferrandi legenda sancti Dominici*, MOPH 32, Roma, Angelicum University Press, 2015

HUMBERTO:

Humberto de Romanis, *Legenda S. Dominici*, Ed. S. Togwel, Institutum Histórícum Ordini Praedicatorum, Roma 2008

LIBELLUS:

Ed. H. Scheeben (ed.) – *Libellus de principiis Ordinis Praedicatorum, auctore Jordano de Saxonia*, MOPH, XVI, Roma 1935, 1-88

ORVIETO:

Constantino de Orvieto – *Legenda S. Dominici*, Ed. Scheeben, MOPH, XVI, Roma ,1935

PROCESSO B. e T.:

Processo de canonização de São Domingos, Atas de Bolonha e Tolosa: A. Walz (ed.), MOPH, XVI, Roma 1935)

SALANHAC:

Stephanus de Salaniaco et Bernardus Guidonis, *De Quatuor in quibus Deus Praedicatorum Ordinem insignivit*, Romae, Institutum históricom Ordini Praedicatorum, 1949, XLV + 210 p.

VITAE FRATRUM:

B. Reichert (ed.) – *Fratris Gerardi de Fracheto OP Vitae Fratrum Ordinis Praedicatorum, necnon Cronica ordinis ab anno MCCIII usque ad MCCLIV*, Louvain, Charpentier &Schoonjans, 1986.